U0882477

中国旅游扶贫发展指数报告

刘志明 主编

李鸿训 杨斌艳 副主编

中国社会科学出版社

图书在版编目(CIP)数据

中国旅游扶贫发展指数报告/刘志明主编．—北京：中国社会科学出版社，2017.6

ISBN 978 - 7 - 5203 - 0678 - 2

Ⅰ.①中… Ⅱ.①刘… Ⅲ.①不发达地区—旅游业发展—研究报告—中国 Ⅳ.①F592.7

中国版本图书馆 CIP 数据核字(2017)第 149887 号

出 版 人　赵剑英
责任编辑　陈肖静
责任校对　刘　娟
责任印制　戴　宽

出　　版　中国社会科学出版社
社　　址　北京鼓楼西大街甲 158 号
邮　　编　100720
网　　址　http://www.csspw.cn
发 行 部　010 - 84083685
门 市 部　010 - 84029450
经　　销　新华书店及其他书店

印刷装订　北京君升印刷有限公司
版　　次　2017 年 6 月第 1 版
印　　次　2017 年 6 月第 1 次印刷

开　　本　710 × 1000　1/16
印　　张　11.5
插　　页　2
字　　数　148 千字
定　　价　56.00 元

凡购买中国社会科学出版社图书，如有质量问题请与本社营销中心联系调换
电话：010 - 84083683
版权所有　侵权必究

编委会

主　编　刘志明

副主编　李鸿训　杨斌艳

编委会成员

司树杰　国务院扶贫办

唐绪军　中国社会科学院新闻与传播研究所

娄俊岭　贫困地区产业发展基金有限公司

黄勇嘉　中国扶贫开发服务有限公司

李鸿训　中扶旅游开发有限公司

王彦庆　惠达宜居中国智库

杨　苜　新华社中国经济信息社指数中心

厉新建　北京第二外国语大学旅游管理学院

杨　波　人民网舆情监测室

周　鑫　Trustdata

本书作者

黄勇嘉　高　凌　林佳颖　金炫美　杨　芳

吕　静　李蓟昭　戴婷竹　张　焜

目　　录

前　言

扶贫减贫是个世界级问题。作为世界上人口最多的国家，中国的扶贫减贫事业，不仅关系上亿国人的生活与命运，其经验和教训也有着全球性意义。

过去的三十多年，中国的扶贫减贫取得了举世瞩目的成就，解决了两亿多农村贫困人口的温饱问题。联合国提出的将贫困水平在2015年之前降低一半的千年发展目标，在世界各国中，人口多、底子薄的中国率先完成了任务。这也为全世界各国的扶贫工作带来有益的经验。联合国《2015年千年发展目标报告》显示，中国极端贫困人口比例从1990年的61%，下降到2002年的30%以下，率先实现比例减半。2014年又下降到4.2%，中国对全球减贫的贡献率超过70%。中国政府为缓解农村贫困问题所做出的种种决策和取得的杰出成就得到国际社会的高度赞赏，也为其他国家的扶贫工作做出示范。

中国扶贫开发工作的成功，是多方面因素和政策举措综合作用的结果。第一，改革开放后经济的快速发展为扶贫开发工作奠定了坚实的基础；第二，建设强化扶贫机构，加大扶贫资金投入，加强监督力度。做到扶贫资金用之有效，真正地用在贫困地区民众身上；第三，国家实施统筹城乡发展战略和“工业反哺农业、城市支持农村”与“多予少取放活”的方针，采取了一系列惠农政策措施，全面促进农村经济社会发展，广大贫困群众受益良多；第四，国家不断加大科技扶贫的工作力度，致力于推广先进的农业科学技术，普及农业科学知识，有效地改变了贫困地区落后的生产方式。

但总体来看，我国的贫困形势依然严峻。云南、贵州、广西、河南、四川等省、自治区的贫困人口都超过了500万。虽然整体的贫困发生率下降，但部分省、自治区的贫困发生率仍在15%以上。而贫困人口分布的区域大多比较分散，对于扶贫工作的开展和实施是一项巨大的挑战。在这种大背景下，因地制宜，精准扶贫就成为新时期扶贫的主导方向与发展策略。

精准扶贫是与粗放扶贫相对的概念，其实质就是将扶贫的政策和资源真正落实到贫困人群身上。而旅游扶贫则是产业扶贫和精准扶贫的重要组成部分。我国的贫困地区大多处于连片山区、有非常优质的旅游资源和生态环境。在我国832个国定贫困县中现有397个4A级和5A级国家风景名胜区。迄今为止，已有一批贫困村通过发展乡村旅游实现了脱贫致富。2016年国务院出台的《十三五脱贫攻坚规划》中将旅游扶贫作为发展特色产业实现精准扶贫的重要内容，强调要依托贫困地区特有的人文资源深入实施乡村旅游扶贫工程。而国家旅游局和国务院扶贫办联合提出：到2020年，要通过引导和支持贫困地区发展旅游使约1200万贫困人口实现脱贫，这代表着旅游产业在脱贫攻坚战中的重要的产业地位。

旅游扶贫作为一个新生事物，依然存在诸多不确定性。由于人们所处位置和看问题角度的不同，往往难以形成共识，在推广过程中，也不免出现诸多偏差。这也成为阻碍旅游扶贫健康发展的主要因素之一。为此，有必要组织跨行业、跨领域的专家、学者以及相关政府部门、旅游企业的人士参与对旅游扶贫发展的全面研究。通过总结国内外的各种案例、各地发展模式和成功经验，探索我国旅游扶贫发展的规律。在此基础上，形成旅游扶贫的全面评价体系，把软硬件评价有机集合起来，推动旅游扶贫进入良性发展轨道。

本书是构建中国旅游扶贫发展指数的首次尝试，在这个过程中，得到国务院扶贫办、中国扶贫开发服务有限公司、中国社会科学院新闻与传播研究所、人民网舆情监测室、新华指数等机构及相关专家的大力支持，在此一并致谢！

编者

2017 年 4 月 2 日

上篇　政策篇

中国扶贫历史与现状

李鸿训　吕　静

新中国成立至改革开放之初的三十年，由于中国的经济基础极端薄弱，生产能力低下，导致在1978年，中国是世界上贫困人口最多的发展中国家之一。国家统计局在《关于中国农村贫困状态的评估和监测》中，将1978年的贫困线划定在人均年收入100元以内，按这个标准计算，当时全国贫困人口的规模为2.5亿人，占全国人口总数的25.97%，占当时农村人口总数的30.7%，占世界贫困人口总数的1/4。如果以人均年收入200元作为农村温饱线，则贫困人口的数量更为巨大。因此，在那个时期，中国的贫困问题非常严重，扶贫形势十分严峻，带来很多社会问题。

1978年底，在巨大的国际竞争压力面前，中国选择了支持有条件的沿海地区首先发展起来的非平衡战略。到20世纪90年代中后期，地区之间和地区内部的经济发展很不平衡，地区的发展问题显露出来，东部和中、西部经济水平有很大差别，特别是贫困地区的生产力发展十分缓慢。同时也带来很多的负面影响，造成社会两极分化，贫富差异急剧加大，社会矛盾显著。因此采取积极的扶贫措施，帮助贫困地区和贫困户消除贫困、发展致富，缩小社会贫富差距，对消除社会矛盾，加强社会安定团结，加速社会主义建设，建设和谐社会，巩固国防都有重要的作用。

中国的扶贫开发在新中国成立后就一直在进行，但真正严格意义上的扶贫，是在改革开放后提出并在改革开放进程中逐步明确的，也是在此期间进行了大规模的实施。从80年代中期开始，中国扶贫工作的主要目标是解决农村贫困人口的温饱问题，工作重点是改变贫困地区经济文化落后的状态。

一 中国扶贫开发的历史阶段

（一）制度性变革推动扶贫阶段（1979—1985年）

1978年，按中国政府确定的贫困标准统计，农村贫困人口为2.5亿人，贫困发生率为30.7%，占世界贫困人口总数的1/4。而导致农村大范围贫困的主要原因在于“人民公社”的体制造成农民生产积极性低下，已经不能适应生产力的发展需要，所以必须以新的制度来对贫困人口进行规范和扶持。党的十一届三中全会以后，家庭联产承包责任制的推行，改变了我国旧有的经营管理体制，解放了农村生产力，提高了农民的生产热情，极大地缓解了农村的贫困问题。数据显示，从1978年到1985年，农村人均粮食产量增长14%，肉类增长87.8%，棉花增长73.9%，油料增长176.4%；农民人均纯收入增长了2.6倍；没有解决温饱的贫困人口从2.5亿人减少到1.25亿人，贫困发生率降为14.8%。贫困人口平均每年减少1786万人。英国《经济学家》杂志1992年11月第2期的一篇文章认为，1978年有2亿到2.7亿中国人生活在“绝对贫困”中，到1985年农村改革大体完成的时候，绝对贫困人口为1亿人，经济改革的头6年里，中国就有相当于一个日本或两个英国，或者说半个美国的人口摆脱贫困。

表1　贫困人口分布集中的连片贫困区

东部	沂蒙山区	闽西南	闽东北地区						
中部	努鲁尔虎山区	太行山区	吕梁山区	秦岭大巴山区	武陵山区	大别山区	井冈山区	赣南地区	
西部	定西干旱地区	西海固地区	陕北地区	西藏地区	滇东南地区	横断山区	九万大山地区	乌蒙山区	桂西北地区

这些连片地区因为地理位置偏远，生态环境十分脆弱，教育水平落后等原因而造成脱贫困难。

（二）政府主导型大规模开发式扶贫阶段（1986—1993 年）

20 世纪 80 年代初开始，中国的改革重点开始由农村转向城市，由农业转向工商业，“三农问题”逐渐凸显出来。据中国政府公布的资料，1985 年中国农村年人均收入在 200 元以下（相当于当年全国农村人均纯收入水平的 50%）的人口仍有 1.25 亿，占当时农村总人口的 14.8%，其中有近 4000 万人年均纯收入不足 150 元，占农村人口总数的 4.4%，如果以世界银行制定的人均年纯收入 370 美元为贫困标准，1985 年东亚地区有贫困人口 2.8 亿人，其中 2.1 亿人分布在中国，占当时世界贫困人口总数的 1/5。为此，党中央、国务院非常地重视，于 1986 年成立了专门的扶贫机构——国务院贫困地区经济开发领导小组（1993 年改名为国务院扶贫开发领导小组），决定在全国范围内有计划、有组织地开展大规模的扶贫开发工作，使得农村扶贫更加规范化和制度化。在这一期间，一是确立了贫困地区经济开发的方针；二是制定了专门针对贫困地区和贫困人口的政策措施；三是对 18 个集中连片贫困地区实施重点扶贫开发；四是确定了对贫困县的扶持标准，将 70% 的扶贫资金用于贫困县，并核定了贫困县，分中央政府和省（自治区）两级重点扶持。到 1993 年底，全国农村没有解决温饱的贫困人口减少到 8000 万人，平均每年减少 640 万人，贫困发生率下降到8.7%。

（三）“八七扶贫攻坚”阶段（1994—2000年）

1994年，在全国农村基本解决温饱问题的基础上，国家颁布实施《国家八七扶贫攻坚计划（1994—2000年）》，该计划的公布实施成为这一阶段的标志。该计划明确提出要“集中人力、物力、财力，动员社会各界力量，力争用7年左右的时间，基本解决目前全国农村8000万贫困人口的温饱问题”。实现了救济式扶贫向开发式扶贫的转变，同时也标志着扶贫开发中一场艰难的攻坚战役开始了。在这一阶段，也提出了许多新的政策和措施。

在资金方面，改革扶贫资金的使用管理方式，根据贫困地区的贫困程度来决定扶贫资金以及分配方案，同时建立约束和激励机制，加大对扶贫资金的审查监督力度。在政策保障方面，实施信贷优惠、财税优惠、经济开发优惠政策。在组织安排上，不同的政府部门分别制定本部门的八七扶贫攻坚实施方案，在资金、技术、物资上向贫困地区倾斜。

在这一时期，农村贫困人口的生活条件得到了明显的改善，截至2000年年底，贫困地区通电、通路、通邮、通电话的行政村分别达到95.5%、89%、69%、67.7%。修建基本农田9915万亩，解决了7725万多人和8398万多头大牲畜的饮水困难。经过近七年的努力，到2000年年底，国家八七扶贫攻坚目标基本实现，中国农村绝对贫困人口从1993年的8000万人下降到2000年的3209万人，贫困发生率下降到3.4%，解决了两亿多农村贫困人口的温饱问题。

（四）全面建设小康社会时期的扶贫开发阶段（2001年至今）

这一阶段的显著特征是：1. 扶贫开发工作进一步深入，下沉到贫困村，将农村贫困人口中最低收入者作为扶持开发的对象。2. 农业产业化开发扶贫，将贫困地区的农业与市场对接，使农业产业化，同时改善基础设施。开始注重扶贫工作的成果巩固。

2001年，《中国农村扶贫开发纲要（2001—2010）》颁布实施，其奋斗目标是尽快解决少数贫困人口的温饱问题，进一步改善贫困地区的基本生活，巩固温饱成果，提高贫困人口的生活质量和综合素质，如加强贫困乡村的基础设施建设，改善生态环境，逐步改变贫困地区经济、社会、文化的落后状态，为达到小康水平创造条件。这一时期，国家把扶贫开发的重点集中在中西部少数民族地区、革命老区、边疆地区和特困地区，同时要求重视残疾人扶贫工作，把残疾人纳入扶持范围。努力积极推进农业产业化经营，加强贫困地区农产品的市场建设，让农户具备自己脱贫的能力。同时还加大科技扶贫的力度，将高科技和先进的理念推广至贫困地区，使得种植业、养殖业、加工业都有了一定的技术依托，加速科技成果转化。在政府加大扶贫力度的情况下，到2010年，按低收入贫困线衡量的农村贫困人口为2688万人，贫困发生率为2.8%。

为了进一步加快贫困地区发展，促进共同富裕，党中央于2011年颁布实施《中国农村扶贫开发纲要（2011—2012）》，我国扶贫开发已经从以解决温饱为主要任务的阶段转入巩固温饱成果、加快脱贫致富、改善生态环境、提高发展能力、缩小发展差距的新阶段。同时提出下一阶段的总体目标：到2020年，要稳定实现贫困对象不愁吃不愁穿，保障其义务教育、基本医疗和住房。使贫困地区农民人均纯收入增长幅度高于全国平均水平，基本公共服务主要领域指标接近全国平均水平，扭转发展差距扩大趋势。另外由于国际市场出现新的变化，加快转变经济发展方式成为必要。许多沿海地区的企业为了应对国外市场萎缩和出口困难等问题，将眼光转向国内市场，对开发落后地区市场产生了浓厚的兴趣，资本和技术也开始逐步转向落后地区，对于贫困地区和贫困人口来说是一次巨大的机遇，能够推动扶贫工作的进行。

一 中国扶贫工作的成就

（一）贫困人口数量大大减少，贫困发生率显著降低

经过将近40年不懈的艰苦奋斗，中国的扶贫开发取得了巨大成就。将贫困水平在2015年之前降低一半，是联合国提出的千年发展目标，在世界各国中，人口多、底子薄的中国竟然率先完成了任务，也为全世界各国的扶贫工作带来经验。

表2 历年贫困人口与贫困发生率的变化

年份	扶贫标准（元）	绝对贫困人口（万人）	贫困发生率（%）
1978	100	25000	30.7
1985	206	12500	14.8
1986	213	13100	15.5
1987	227	12200	14.3
1988	236	9600	11.1
1989	259	10200	11.6
1990	300	8500	9.4
1991	304	9400	10.4
1992	317	8000	8.8
1993	350	7500	6.3
1994	440	7000	7.7
1995	530	6500	7.1
1996	580	5800	4.7
1997	640	4962	5.4
1998	635	4210	4.6
1999	625	3412	3.7
2000	625	3209	3.6
2001	872	9029	9.8
2002	869	8645	9.2
2003	882	8517	9.1
2004	924	7587	8.1
2005	944	6432	6.8

续表

年份	扶贫标准（元）	绝对贫困人口（万人）	贫困发生率（%）
2006	958	5698	6.0
2007	1067	4320	4.6
2008	1196	4007	4.2
2009	1196	3597	3.8
2010	1274	2688	2.8
2011	2536	12238	12.7
2012	2625	9899	10.2
2013	2736	8249	8.5
2014	2800	7017	7.2
2015	2855	5575	5.7

表 3　　中国减贫对世界的贡献率（1981—2010 年）

	1981—1990 年	1990—1999 年	1999—2010 年	1990—2010 年
中国减贫人口数（亿人）	1.52	2.37	2，89	5.26
世界减贫人口数（亿人）	0.31	1.69	5.26	6.95
中国减贫贡献率（%）	494.7	140.4	54.9	75.7

数据来源：世界银行数据库。

从表 2、表 3 中可以看出，1986 年首次制定贫困标准，相对应的贫困人口从 1.2 亿降低至 2000 年的 3209 万人。2001 年，国家上调扶贫标准，相对应的贫困人口大幅增加至 9029 万人，然后逐年降低至 2010 年的 2688 万人。2011 年扶贫标准再次提升，相对应的贫困人口增加至 1.22 亿人，然后逐年降至 2015 年的 5575 万人。

中国的扶贫开发工作解决了两亿多农村贫困人口的温饱问题。2015 年贫困地区农民人均纯收入达到 6828 元/年。贫困地区的人民生产生活条件得到明显改善。体制上的变革使得农民的生产热情格外高涨，提高了土地出产率，粮食产量不断上涨。贫困地区基础设施逐步完善，93.5% 的乡镇、70.8% 建制村交通通畅，行政村和 90% 自然村通上了电话，全部用上了电。

各项社会事业发展较快，相应的配套设施也逐步完善。扶贫过程中一系列的思想引导和教育工作使得贫困地区人口过快增长的势头得到初步控制，人口自然增长率有所下降。教育事业不断进步，贫困地区的办学条件逐步改善，教育补贴连片特困地区学生全覆盖。医疗卫生体系逐步健全，新农合参保率98%以上。另外还推广了一大批农业实用技术，农民科学种田的水平明显提高。贫困地区95%的行政村能够收听收看到广播电视节目，群众的文化生活得到改善，精神面貌发生了很大变化。

（二）对全球减贫贡献巨大

从表3可以看出，中国的扶贫开发工作对全球减贫贡献是巨大的。按照1.25美元的标准，从1981年到1990年，中国减贫人口为1.52亿人，全世界减贫人口为0.31亿；从1990年到1999年，中国减贫人口为2.37亿，全世界减贫人口为1.69亿，也就是说，如果没有中国在减贫方面取得的成就，从1981年到1999年，世界贫困人口数是增加的。从1990年到2010年，中国减贫人口为5.26亿，占全世界人口数的75.7%。1996年9月，联合国开发计划署的一份报告指出："世界上没有任何国家能像中国一样在扶贫工作中取得如此巨大的成功"。联合国《2015年千年发展目标报告》显示，中国极端贫困人口比例从1990年的61%，下降到2002年的30%以下，率先实现比例减半。2014年又下降到4.2%，中国对全球减贫的贡献率超过70%。中国政府为缓解农村贫困问题所做出的种种决策和取得的杰出成就得到国际社会的高度赞赏，也为其他国家的扶贫工作做出示范。

我国的扶贫开发工作能够取得如此大的成功，是多方面政策综合作用的结果。首先，我国经济在改革开放后得到了迅速的发展，强大的经济实力为扶贫开发工作奠定了基础。第二，建设强化扶贫机构，加大扶贫资金投入，加强监督力度。做到扶贫资金用之有效，真正地用在贫困地区、贫困人民身上。第三，国家实施统筹城乡发展战略和“工业反哺农业、城市支持农村”与“多予少取放活”的方针，采取了一系列惠农政策措施，全面促进农村经济社会发展，广大贫困群众受益良多。第四，国家不断加大科技扶贫的工作力度，注重贫困地区的可持续发展。这些年来，政府一直致力于推广先进的农业科学技术，普及农业科学知识，有效地改变了贫困地区落后的生产方式。

三　中国扶贫工作面临的问题

（一）贫困形势依然严峻

从以下图表数据来看，我国的贫困形势依然严峻，“多、广、深”的贫困现状依然不容乐观，贫困人口的数量仍然庞大。云南、贵州、广西、河南、湖南、四川等省、自治区的贫困人口都超过了500万。虽然整体的贫困发生率下降，但部分省、自治区的贫困发生率仍在15%以上，如西藏、甘肃、新疆等。而贫困人口分布的区域不仅在14个连片特困地区，除京津沪三个直辖市外，其余28个省级行政区均有贫困人口的分布，而且他们大多比较分散，分布隐匿，对于扶贫工作的开展和实施是一项巨大的挑战。

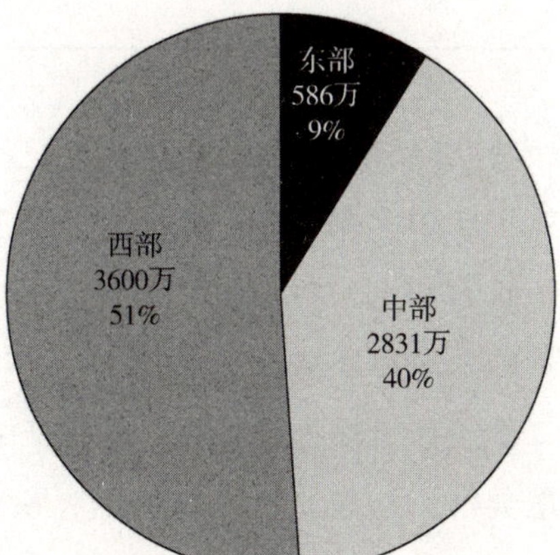

图1　2014年贫困人口分布

表 4　　主要贫困省、自治区的贫困人口数

	贫困人口（万）	排序	占全国的比例（%）
全国合计	7017		100
贵州	623	1	8.88
云南	574	2	8.18
河南	565	3	8.05
广西	540	4	7.70
湖南	532	5	7.58
四川	509	6	7.25
甘肃	417	7	5.94
安徽	371	8	5.29

表 5　　主要贫困省、自治区的贫困发生率

	贫困发生率（%）	排序
全国合计	7.2	
西藏	23.7	1
甘肃	20.1	2
新疆	18.6	3
贵州	18	4
云南	15.5	5
青海	13.4	6
陕西	13	7
广西	12.6	8

（二）扶贫资金问题突出

经过多年扶贫工作的开展，剩下来的贫苦地区的贫困程度依然很深，而且存在较大规模的绝对贫困现象。其中，因病致贫占很大比例。这些贫困人口基本失去劳动能力，无法正常生活。这就是为什么扶贫工作越往后推进越艰难，越是任务艰巨。

扶贫资金问题突出。从表 6 也可以看出，扶贫资金的投入在扶贫工作中已经成为一个至关重要的环节，成为致贫的第二大因素。对于在贫困线以下的老百姓来说，这是一笔“救命钱”，尽

管国家重视扶贫问题，但在资金的管理、分配方面还是存在不少的问题，对扶贫资金缺乏必要的科学规划和严格的管理制度。第一，扶贫资金的利用效率不高，由于在投入扶贫资金之前，没有对扶贫项目进行科学的评估和研究，导致在扶贫的过程中由于错误所引起的经济损失较大。第二，资金管理不够严格。没有建立定期的监督检查制度，在扶贫项目中存在着挪用套取的现象，如降低发放标准，截留扶贫资金，虚报、虚列扶贫项目等等，阻碍着扶贫工作的推进。第三，扶贫资金的投入严重不足，远远不能满足需要。现有的一些贫困地区多在深山库区一线，环境恶劣，自然灾害频发，基础设施较差，任务重、成本高。而且这个阶段贫困人口想要改变现状的愿望强烈，资金的投入远远不能满足需求。另外还出现了一些项目经费拖欠的遗留问题，如拖欠农民工工资等，严重影响了基层的稳定。而资金投入的匮乏会导致扶贫发展后劲不足，影响扶贫项目建设效益的发挥，贫困问题无法得到根本的解决。

表 6　　2014 年微观致贫因素

致贫因素	比例（%）
因病致贫	42.2
缺资金	35.4
缺技术	22.3
缺劳力	16.8
其他因素	9.6
因学致贫	9
因残致贫	5.8
因灾致贫	5.8

（三）贫困地区和贫困人口的主观能动性有待提高

近年来，虽然国家重视扶贫工作，但一直是一种自上而下的单向度扶持，贫困人口太过被动，缺乏主动性，主要表现在以下几个方面：第一，政府扶贫政策的制定缺乏当地贫困人口的参与，导致其设计脱离贫困群众的实际需要，影响扶贫开发工作的效果，造成扶贫资源的浪费。第二，在扶贫政策实施期间，缺乏当地群众有效的监督。产生这种问题的原因既和政府有关，也和贫困群众有关。多年扶贫政策的制定、扶贫项目的推行，政府部门习惯于包办代替，排斥群众的参与。而这种包办代替，久而久之会使贫困群众产生严重的依赖思想，不利于主观能动性的提高。另外贫困群众也出现自身发展能力较弱的问题，许多贫困村留守人员老人小孩占大多数，受教育程度偏低，思想观念陈旧，缺乏创新意识和科技意识，造成抵御风险和自我发展能力脆弱，处于心有余而力不足的状态。

（四）返贫现象较为严重

值得注意的是，我国每年脱贫人口虽然很多，但返贫现象却十分严重，返贫率较高，在受到自然灾害、疾病、家庭变故等威胁时，极有可能重新进入贫困状态。据统计资料显示，在一般年份，返贫率为10%左右，受灾年份则达到20%以上，因重度残疾、重大疾病、年老体弱致贫占40%以上。另外“因教返贫”的现象仍是常态，中高等教育费用在贫困地区仍是一笔很大的开销，许多贫困人口因没钱而辍学，导致无法真正脱离贫困。这样的问题会导致贫困地区陷入“扶贫、脱贫、再返贫的怪圈”，而对于返贫来说，它的危害要比单纯的贫困更可怕。因为返贫是一个由好到坏，由生活条件较好到生活条件较差甚至不具备生存条件的阶段，因而带给贫困群众的打击是巨大的，很容易打击他们的自信心，这肯定会为接下来的扶贫工作带来更大的困难。

（五）扶贫开发责任不清，扶贫合力还没有形成

目标清晰、政策合理是扶贫开发工作的前提。但缺少了责任

落实，再完善的目标政策也是废纸一张。现有的扶贫部门仍存在责任分配不清的情况，而一旦出现问题，则会产生相互推诿、无作为等现象。另外扶贫工作缺乏合力，扶贫开发工作不只是一个人、一个部门、一个组织的工作，它需要全社会的动员和各类资源的整合。而扶贫工作的现状是资金整合度不高，互助资金的量少且使用面小。各扶贫部门大多各自为阵，撒胡椒面，难以发挥整体效益，发挥的作用也有限。

四　精准扶贫为扶贫开发带来新机遇

进入全面建成小康社会新阶段后，党和国家将精准扶贫作为实施农民脱贫小康战略任务的具体要求。2013 年 11 月 3 日，习近平总书记在湘西调研扶贫工作时，明确提出扶贫工作“要科学规划、因地制宜、抓住重点，不断提高精准性、有效性和持续性”，“要实事求是，因地制宜”，“要精准扶贫，切忌喊大口号，也不要定好高骛远的目标”。在时间节点上，“十三五”时期是中国全面建成小康社会的决定性阶段。而“全面小康是全体中国人民的小康，不能出现有人掉队”。这就要求“十三五”规划要将扶贫开发工作放在更为突出的位置，坚持实施习近平的精准扶贫方略。

（一）精准扶贫带来的变化

精准扶贫是与粗放扶贫的相对概念，它的核心内容是做到“真扶贫、扶真贫”，它的实质其实是将扶贫的政策和资源真正地落实到贫困人群身上。因此，精准扶贫主要由三个环节构成，即精准识别、精准帮扶和精准脱贫。展开来说就是六个精准：即：扶持对象精准、项目安排精准、资金使用精准、措施到户精准、因村派人精准、脱贫成效精准。贫困人口的精准识别主要是通过科学有效的识别机制，将贫困人口识别出来，开展到村到户的贫困状况调查和建档立卡工作（图2）。在有效识别贫困人口的基础之上，以一定的方式投入扶贫资源，确保帮扶效果。

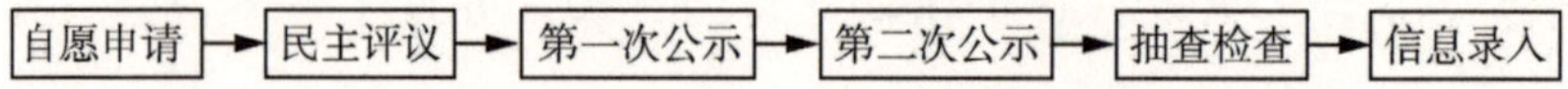

图2　贫困户建档立卡工作方法和步骤

精准扶贫对未来的扶贫开发工作意义重大，它为扶贫开发工作带来了四个转变：创新扶贫开发路径，由“大水漫灌”向“精准滴灌”转变。创新扶贫资源使用方式，由多头分散向统筹集中转变。创新扶贫开发模式，由偏重“输血”向注重“造血”转变。创新扶贫考评体系，由侧重考核地区经济发展指标向主要考核脱贫成效转变。它改变了扶贫工作中曾经的许多盲点，真正做到了扶贫资源的精准配置。但与此同时它也是一项复杂的工作，目前在精准扶贫工作方面主要有以下困难：第一，贫困对象精准识别困难，由于缺乏一些刚性的标准，再加上农民的收入渠道多、问题杂，造成实际收入难以核算。另外贫困识别机制不够精细，由于致贫原因的多样性和差异性，再加上贫困人口所处的地区不同，不应简单地以收入多少来判断贫困程度，而应对贫困状况进行多维的评价，进行精准的分类，要因地制宜、因人而异地制定扶持措施。第二，扶贫资金统筹安排较难，县级自主权缺乏。我国经济下行压力较大，国家的扶贫资金投入受到影响。而且扶贫对象多，短时间内难以实现全覆盖。虽然在2014年的改革中增加了县级的自主权，但真正应用到实际操作中，条条框框限制太多。导致无法做到因地制宜地推进扶贫开发工作。

（二）创新精准扶贫的工作机制

精准扶贫，既是机遇也是挑战，单单提出这一扶贫战略是远远不够的，还应建立行之有效的配套工作机制，让贫困户真正地从精准扶贫工作中受益。

第一，需要改革贫困标准的制定方法，建立精准识别贫困群众的机制。要精确地识别贫困人口，单单靠收入作为标准是不可行的，要根据贫困人口所处的地区、致贫原因等多种因素来划分贫困人口，采用多维的标准来进行建档立户，使得贫困群众的识别更加立体化。各级官员干部一定要深入基层，真正地将贫困底数摸清，将贫困原因明确。同时还应提高群众的参与热情，只靠官员干部的力量是远远不够的，要鼓动贫困户参与到精准识别的过程中，充分挖掘真正的贫困户。

第二，精准帮扶的过程中要做到因地制宜。在精准识别贫困户的基础之上，得知了哪些是贫困人群后，就要通过制定有针对性的政策进行精准帮扶。首先一定要紧紧围绕贫困地区的地域特征进行扶贫开发，另外要根据贫困户个人的自身情况进行帮扶，因为每个人在收入、消费、教育水平以及健康等方面的状况都有很大的差距，并且要了解贫困户真正需要什么盼望什么，不可脱离群众基础谈政策，要切切实实地突出“精准”。在资金方面，资金的来源需要多元化，仅靠政府有限的财政扶持是远远不够的，需要动员社会的整体力量，寻找企业、发达地区、第三方组织以及个人的帮助，形成全社会层面的扶贫合力。

第三，政府应做到项目、资金的透明化管理，信息反馈系统通畅。精准管理成为精准扶贫的重要保障，精准管理的实施可以让政府部门及时发现扶贫开发工作中存在的漏洞及缺陷，并进行弥补。同时扶贫项目、扶贫资金的透明化管理能让精准扶贫工作得到有效的监督。政府应定期公开工作进展及资金走向，畅通群众举报投诉的渠道，虚心接受批评。同时资金管理应该进一步下放到县级政府，中央和省级负责监督、考核和检查，重点放在资金是否滥用和扶贫的实际效果评估上。

第四，树立绿色扶贫理念，唤醒可持续发展意识。新时代的扶贫开发战略除利用一切政策方针实现精准扶贫以外，还应建立在科学扶贫、绿色扶贫的基础之上。有些地区将一些城市的重工业项目引进农村，看似给贫困地区带来了巨大的经济效益，给当地人民提供了就业机会，但从长远的发展来看，只能给当地人民带来新的生存危机，即从经济贫困转向生态贫困，不能从根本上解决贫困问题。因此贫困地区的群众应该找到适合自身发展的模式和方法，要唤醒贫困农民"重土"、"护土"的意识。当前的农村种植、养殖和以这种形式发展的旅游业均有巨大的市场潜力和市场价值，既可以提高农业生产的效益，又能保障生态平衡减少环境污染。因此，扶贫之路要坚持走可持续发展之路，促成良性循环的生态链，实现贫困地区社会与生态的共生共荣。

随着全面建成小康社会进入关键时期，扶贫任务也越来越艰巨，开始逐渐进入冲刺期，那些经过多年扶贫仍未脱贫的地区和群众需要党和政府付出更多的心血和努力。而就在这样的形势之下，单纯地依靠一个政策、一个举措、一个组织来实现脱贫已不现实，社会各界力量应该进行参与式合作，针对贫困地区进行分类施策，通过教育扶贫、产业扶贫、健康扶贫、整村推进等多种措施进行扶贫开发工作。未来我们的扶贫开发工作也许会面临很多的挑战和问题，但也同时存在着很多惊喜，能够为中国下一步的经济发展带来新的机遇。

参考文献：

[1] 邓小平：《邓小平文选》，人民出版社 1993 年版。

[2] 陆汉文、曹洪民：《扶贫开发历史机遇期与战略创新》，《江汉论坛》2014 年第 5 期。

[3] 李兴江：《中国农村扶贫开发的伟大实践与创新》，中国社会科学出版社 2005 年版。

[4] 赵曦：《中国农村扶贫开发的历史成就及其历史经验》，《纪念农村改革 30

周年学术论文集》，2008 年。

[5] 黄承伟、覃志敏：《论精准扶贫与国家扶贫治理体系建构》，《中国延安干部学院学报》2015 年第 1 期。

[6]《中国扶贫开发的伟大历史进程》，《中国扶贫论文精粹》，2001 年。

[7]《中国农村扶贫开发纲要（2001—2010 年）》。

[8]《中国农村扶贫开发纲要（2011—2020 年）》。

重大旅游扶贫政策解读

黄勇嘉

一 2016年重大旅游扶贫政策汇总

（一）国务院印发《关于加大脱贫攻坚力度支持革命老区开发建设的指导意见》

关键词：【革命老区】【红色旅游】【旅游脱贫】【休闲农业】

要求各地区各部门结合实际认真贯彻执行。依托老区良好的自然环境，积极发展休闲农业、生态农业，打造一批具有较大影响力的养生养老基地和休闲度假目的地。

（二）七部委发文落实金融助推脱贫，打通旅游扶贫路

关键词：【旅游脱贫】【休闲农业】

发改委等七部门联合印发《关于金融助推脱贫攻坚的实施意见》。提出了金融助推脱贫攻坚的细化落实措施，包括各金融机构要立足贫困地区资源禀赋、产业特色，积极支持能吸收贫困人口就业、带动贫困人口增收的绿色生态种养业、经济林产业、林下经济、森林草原旅游、休闲农业、传统手工业、乡村旅游等特色产业发展。健全和完善区域信贷政策，在信贷资源配置、金融产品和服务方式创新、信贷管理权限设置等方面，对连片特困地

区、革命老区、民族地区、边疆地区给予倾斜。

（三）九部门联合发文：重点从八个方面推进产业扶贫

关键词：【乡村旅游】【旅游扶贫】

农业部、国家发展改革委、财政部、中国人民银行、国家林业局、国家旅游局、银监会、保监会、国务院扶贫办联合印发《贫困地区发展特色产业促进精准脱贫指导意见》。意见提出大力发展休闲农业、乡村旅游和森林旅游休闲康养，有关财政资金在不改变用途的情况下，投入设施农业、养殖、光伏、水电、乡村旅游等项目形成的资产，具备条件的可折股量化给贫困村和贫困户。

（四）国务院办公厅关于进一步促进旅游投资和消费的若干意见

关键词：【乡村旅游】【旅游扶贫】【休闲农业】

实施乡村旅游提升计划，开拓旅游消费空间；坚持乡村旅游个性化、特色化发展方向；完善休闲农业和乡村旅游配套设施；开展百万乡村旅游创客行动；大力推进乡村旅游扶贫；拓展旅游企业融资渠道。支持符合条件的旅游企业上市，鼓励金融机构按照风险可控、商业可持续原则加大对旅游企业的信贷支持。

（五）国务院《十三五脱贫攻坚规划》2016（64）

关键词：【精准扶贫】【乡村旅游】【休闲农业】

根据《中国农村扶贫开发纲要（2011—2020年）》、《中共中央国务院关于打赢脱贫攻坚战的决定》和《中华人民共和国国民经济和社会发展第十三个五年规划纲要》编制，主要阐明“十三五”时期国家脱贫攻坚总体思路、基本目标、主要任务和重大举措，是指导各地脱贫攻坚工作的行动指南，是各有关方面制定相关扶贫专项规划的重要依据。

二 重大扶贫政策解读

旅游业每消费1万元，可带动GDP增长2.2万元，增加1万增加值，能推动相应GDP增加4.4万，增加值增加10个百分点，会推动GDP增长0.8个百分点，旅游业3个人就业，可给3大产业提供6.2个就业机会。

自十八大以来，中央非常重视扶贫工作，把扶贫攻坚改成了脱贫攻坚就足以体现中央的决心和态度，同时，也能体现中央对工作要求的变化。扶贫是手段，脱贫才是目的。我国实行中央统筹，省负总责，市县抓落实这一种脱贫攻坚的体制和机制。实际上，我国以前实施的也是相同的体制和机制，到了现在这个历史时期县里以及地方政府同志才真正地感受到这一体制、机制是真的，不是假的。县委主体要落实，这是最重要的一点，各级政府都已切实感受到了。

中央做出了一个重要决定：在脱贫攻坚期内，县委书记、县长不能调动。尤其是贫困县的县委书记，832个贫困县的县委书记、县长不能调动。但可以提拔，就地提拔，提拔成副市长、常委，甚至是副书记都可以。但就是不可以离开县委书记这个岗位。究其原因是，贫困县的领导必须要带领贫困人口脱贫，帮助贫困县摘帽，只有把这件事情办好了才能调动，调动的时候甚至还可以再继续提拔。一些在贫困县确实做得好的干部同志，可以调到其他县当县长，但依旧不能调动这个县的县委书记、县长，这种情况各地已经深有感触，但还没有全面理解。对于贫困县的地方官员而言，脱贫攻坚是组织交给的任务，必须要完成以后才能调动。领导干部要在管辖地区尽职尽责，履行主体责任。地方官员对扶贫政策非常熟悉，更多的是需要落实的问题。

首先，认识总书记讲的“贫困地区是要以脱贫攻坚统揽经济社会发展的全局”。我们长期以来的观点是脱贫，扶贫是花钱的事，这就是“输血型扶贫”的观念。部分人对于这个观点的理解是不全面的，扶贫确实需要输血，但脱贫攻坚不一样，不仅可以帮助贫困人口造血，还可以促进某些体制、机制、思想、意识的发展。

从经济方面来说，各地区要做好脱贫攻坚就要想办法开拓产业，创造新业态，从而促进县域经济发展，促进贫困人口增收，最终才能完成脱贫攻坚任务。几千万贫困人口脱贫，几亿群体增收。在脱贫增收后，贫困户手中有富余资金又会成为扩大内需新消费的增长点。抓住脱贫攻坚就等于是抓住了经济发展，我国抓扶贫工程几十年，贫困县花的钱，财政自给率平均起来也仅仅是10%，富裕县也不会超过30%，90%还需靠转移支付，差的县基本在2%—3%。所以，贫困县最重要的是把自己的职能履行好，把扶贫的任务做好，把涉及百姓民生的问题做好，成为服务型的政府。

从政治上面讲，做好脱贫攻坚，要加强基层组织建设，把基层支部建好，把带头人调动起来。发展产业需要产业带头人。把带头人调动起来会极大地促进基层的民主意识、管理能力以及市场观念。作为共产党的领导，社会主义的制度需要妥善解决贫困人口的问题。正如总书记所讲，贫困地区，特别是贫困县要用脱贫攻坚来统揽经济社会发展的全局。只有在思想上认识到位才会确定方向，靶向精准。

其次，脱贫攻坚如何实施？脱贫攻坚是任务，要聚焦到6个精准是要求，实施5个一批是途径。5个一批即：发展生产脱贫一批，总书记在五中全会的报告上说的是三千万，本身就是直接发展产业脱贫；异地搬迁脱贫一批，脱贫一千万，这一千万也最终还是需要靠产业。房子盖好了只能改善居住条件实现“住房保障”。贫困户稳定的增收渠道最终还得依靠产业；社会保障兜底一批。也叫低保兜底一批。还有生态补偿脱贫一批、发展教育脱贫一批，所有的政策和路径最终还得靠产业发展实现。发展是解决一切问题的关键。当前形势下，产业的发展要适应经济新常态，按照5个发展理念开创新形式。

最后，如何在产业发展中建立和完善产业带贫机制、扶贫机制、脱贫机制。如果说，按照市场的规律，按照经济的规律，是优胜劣汰，能人肯定发展的好，发展的快。贫困人口肯定发展的慢，这种情况下就需要新的机制。以旅游扶贫为例。比如说，旅游扶贫是国家的产业政策，是世界的潮流于国于民有利。但是，如果完全按照市场规律来做，那就是工商企业受益。跟贫困人口难以直接关联。我们通过国家的政策，可以将贫困村建旅游新村、在资源地建设旅游景区。投资来源多渠道，可以是别人捐赠的钱，可以是享受扶贫政策进行金融贷款，也可以是老百姓集资。有了这个集体经济，把这个集体经济通过购买公益岗位，让贫困群众去就业，生产资料从贫困户合作社定向采购、服务定向外包等，将产业发展的红利直接带给贫困人口。这是新的产业扶贫模式。

三 重大旅游扶贫政策分类解读

（一）国务院扶贫办会同国家旅游局关于旅游扶贫的决定

我国的贫困地区大多处于连片山区、有非常优质的旅游资源和生态环境。在我国832个国定贫困县中现有397个45A级国家风景名胜区，在中国革命老区1599个老区县中现有1084个45A级国家风景名胜区，近万个3A级旅游景区。自2015年起，关于旅游扶贫的相关政策相继出台，在2016年达到前所未有的速率，政策涉及的维度和领域也成为有史以来覆盖最广的。

国家旅游局局长李金早对乡村扶贫的认识有着更加丰富的视角。从三个方面刷新了人们对乡村旅游扶贫的认识，定义了乡村旅游扶贫的未来。

1. 乡村旅游不仅是造福农村，也造福城市。

2. 乡村旅游扶贫不仅扶外在，更扶内在。

3. 乡村旅游扶贫不仅是政府的事，更是全社会的事。

乡村旅游发展不仅关系到全国6.7亿农业人口的福祉，还关乎7亿城市人口的生活质量和生活品质。李金早在2015—2020年全国旅游扶贫工作目标中指出：做好旅游扶贫这项工作意义重大，标志着旅游从经济社会发展的边缘走向经济社会的主战场。在当下中国经济下行压力加大的形势下，将工作重心转移到乡村，可以说是中国经济的一次战略性大转折，这一转折将有可能改变中国未来的发展格局。乡村将成为中国经济突围的主战场之一。

2015年7月，国家旅游局和国务院扶贫办联合提出：到2020年，要通过引导和支持贫困地区发展旅游使约1200万贫困人口实现脱贫，约占全国7017万贫困人口的17%。继此之后旅游扶贫政策频出，这代表着旅游产业在脱贫攻坚战中的重要的产业地位。在国务院扶贫办十大扶贫工程当中，也仅有旅游扶贫工程有具体数据化要求。根据出台旅游扶贫各类政策的国务院扶贫办会同国家旅游局也做出了相关决定和工作细则。

在产业扶贫中旅游扶贫无疑是一种新兴的产业，近年来，随着国家贫困地区，入网等基础设施条件的改善，一批贫困村通过发展乡村旅游实现了脱贫致富，因此，在2016年国务院出台的《十三五脱贫攻坚规划》中将旅游扶贫作为发展特色产业实现精准扶贫的重要内容，强调要依托贫困地区特有的人文资源深入实施乡村旅游扶贫工程，近两年国务院扶贫办会同国家旅游局连续三年开了三个重要会议，一个是2014年国务院扶贫办会同国家旅游局在黄山首次启动了贫困村旅游扶贫工作的试点，在全国选了560个村开展试点工作，第二个在2015年，国务院扶贫办会同旅游局在黄山召开旅游扶贫工作会，2016年8月，国务院扶贫办会同旅游局在河北张家口张北县召开了全国旅游提升和贫困村旅游发展工作会，通过前前后后三年连续不断的三会以及实践。贫困村旅游扶贫工程的设置框架大致形成主要是三个“进一步明确”：

一个是进一步明确旅游扶贫工作的重中之重是贫困村的旅游扶贫。特别是在脱贫攻坚期内，明确了一个基本指导思想。

第二个明确是进一步锁定了旅游精准扶贫的工作目标。这个目标大概是两个基本诉求，一个是经过国务院扶贫办和旅游局花了大约半年时间的筛选，在全国12.8万个村里面选出2.26万个，适宜开展乡村旅游扶贫的贫困村，其中在这2.26万个贫困村中生活着目前的建档立卡贫困人口是759万，也就是说，乡村旅游扶贫工程，就是要解决这2.26万个贫困村怎么样把乡村旅游发展起来，使在村里的760万建档立卡贫困户脱贫致富。

第三个“进一步”，进一步明确了实施乡村旅游扶贫工程的实施方式和基本路径。刘永富主任把他概括成：“两带”“四起来”。

“两带”之一是，景区（景点）带动贫困村，之二是：能人、合作社带动贫困户。这叫“两带”。这是基本的实施方式。

实施路径是四个“起来”。把群众动员起来、把贫困户组织起来、把利益机制建立起来、把特色文化弘扬起来。这是在2016年8月18号的会议上明确为基本的实施方式和实施路径。围绕这个基本实施方式和实施路径。从2016年开始到2017年每个省选两到三个旅游局、林业局会同扶贫办选两到三个景区带村、能人带户的示例。这是国务院扶贫办会同旅游局的中央决定。

（二）五大旅游扶贫政策中的关键词解读政策关注热点

随着旅游业市场化、产业化、集聚化发展加快，旅游产业面不断拓展、产业链不断拉长，旅游对富民和富财政的贡献都将越来越凸显。2016年出台的政策热点关键词排行顺次排序为：旅游扶贫（旅游脱贫）、乡村旅游、休闲农业、革命老区、红色旅游等。贫困地区多为偏远乡村，偏远连片山区、少数民族地区，所以旅游扶贫政策关注：乡村旅游、休闲旅游、革命老区红色等方面，为旅游扶贫指明了方向、区域、是具有普适意义的。

脱贫攻坚是任务，六个精准是要求、五个一批是路径、旅游扶贫则是其中的产业抓手。以景点景区为依托，以发展乡村旅游为重点，以增加农民就业、提高收入为目标，创新工作体制机制，集中力量解决贫困村乡村旅游发展面临的突出困难，支持重点景区和乡村旅游发展，带动贫困地区群众加快脱贫致富步伐。

各大部委联合出台政策的关注角度也提示了不同的维度和工作结构设计：包括金融扶持、基础设施配套等。旅游局作为产业发展指导单位关注旅游产业发展，国务院扶贫办更关注旅游扶贫如何带动贫困人口减贫增收。国务院则从国家方略的更高维度关注扶贫事业的协调和推动。其他各部委从各自职能支持和推动旅游扶贫工程实现精准扶贫。

（三）旅游产业如何做到精准扶贫

“精准扶贫”关于区域位置的定义和要求为：“精准到村、精准到片”。关于贫困人口指向，要求“精准到人、精准到户”。产业扶贫不是一个概念下的平均主义，所以在产业扶贫中也提出了更“精准”的要求。

1. 产业认知精准

旅游不是一个产品、不是一个业态、也不是一个单一产业。旅游产业能直接带动 27 个行业发展。把旅游车产业当成一种产业媒介，才能做到真正意义上的全域旅游下的旅游扶贫工程。在脱贫攻坚十三五规划中从多方位提出了旅游扶贫的内容，涉及：旅游基础设施建设、旅游接待设施建设、旅游品牌建设、旅游人才培训孵化、旅游产品细分建设、旅游后备厢“旅游电商”建设等，这是对旅游产业的新认知、新解读。

2. 产业资源精准

旅游扶贫工程需要根据资源确定产业，没有旅游资源就没有旅游扶贫的基础。围绕贫困地区、革命老区的风景名胜区推动旅游扶贫、实施“景区带村”是最精准的对标。

3. 区域区位精准

根据交通区位和通达性确定，交通到达成本太高，无法实现市场化。2.5 小时经济圈符合旅游资源吸引力原则，也是旅游扶贫能达到的市场范围。乡村旅游休闲旅游需要确保历史遗存村容村貌特色，在旅游扶贫工程的第二条第三条明确提出了实施“乡村旅游产品建设工程和休闲农业和乡村旅游提升工程”是普适度比较高的旅游扶贫发展方向。

4. 扶贫模式精准

不同类别的资源，不同的产品、不同的参与主体，不同的参与形式，形成不同的扶贫模式。不同的模式决定了不同的贫困户的参与形式和受益机制。

5. 产品定位精准

贫困地区的旅游资源大多在山区，其他没有太多旅游资源特征的地域更多的适合发展乡村旅游和休闲旅游。所以山岳型景区、度假区以及乡村旅游建设是贫困地区旅游扶贫的两大发展方向。

贫困地区的旅游产品既要符合贫困地区的特点，同时需要打造有前瞻性的产品，确保产品升级迭代不落伍。才能保证产业扶贫机制长效。贫困地区的旅游扶贫发展现状更多的处在初级开发阶段或者快速发展阶段，距离成熟的旅游目的地开发还有一定的差距、需要实践的积累和沉淀。在后发赶超中，尽量借鉴发达地区的旅游发展经验，有前瞻性的进行开发规划和产品升级。

在旅游扶贫工程的第一条、第二条和第四条明确提出了实施“旅游基础设施提升工程、森林旅游扶贫工程”。“建设中国特色民宿、中国精品民宿”等，是非常精准的产品定位和发展方向。

6. 扶持手段精准

不同的模式需要扶贫政策区别对待，比如金融政策、组织形式、配套政策等形成精准的扶持。在实施产业扶贫中可以把扶贫政策复合式应用。

贫困是一种社会现象，贫困人口是一个特殊社会群体，贫困问题也体现在各个方面而不是收入贫困线问题，所以扶贫工作是多维度的，不是简单的单一产业扶贫工程或者产业政策就可以解决和推动的。在实践工作当中更建议复合化应用，发挥更大的作用。

例如在产业扶贫中：通过产业扶贫工程，易地搬迁工程、职业培训计划、发展带头人等综合基础服务型扶贫工程形成产业的上下游扶持，增加更多的就业机会、创业机会，增加更多的长期受益机制。优秀的人才和优质企业、创新性项目的引进都是地区发展不可或缺的原动力。

在产业项目中更多依靠社会资本、成熟企业参与带动，贫困人口通过成立合作社形式合作主体，通过小额贷款的金融政策作为股东参股、享受股东权益。这同时也解决了银行贷款担保问题、企业项目发展资金、折股量化无法议价的关键性问题，并形成了龙头企业孵化、金融支持的组合式扶持、链条式扶持。

在产业发展项目实施中多注重经营性资产类建设，形成资产收益扶贫模式，会形成脱贫不返贫的长效精准扶贫模式和成果，同时为地区产业经济发展奠定了坚实基础。

现行的旅游扶贫遴选范围以村落为单位目标，优势是精准定位，如果有不足，有可能出现项目孤立造成产业不成规模，无法形成聚集优势的现象。同时在旅游产业扶贫实施中因为资源差异有可能投资效果劣化或者被漏选。基于以上原因可以考虑通过扩大单位级别到县域范围，有助于提升产业扶贫的规模和资源整合力度，形成大旅游产业聚集的规模优势，从而实现旅游扶贫成果整体优化。

中篇　指数篇

中国旅游扶贫发展指数构建方法

高　凌

旅游扶贫是在旅游资源条件较丰富的贫困地区，通过扶持旅游发展来带动地区经济和社会发展，增强自我发展能力，实现脱贫致富的一种发展模式（李刚和徐虹，2006；张晓明等，2010）。对于旅游业发展与减贫关系的关注和研究可以追溯到20世纪初关于旅游对经济影响的研究（邢慧斌，2015），但真正将二者直接相联系则是在1999年，以英国国际发展局（DFID）提出的有利于贫困者的旅游（Pro-poor Tourism，PPT）为标志，由此各国对旅游扶贫的关注度普遍增加，我国从那个时期开始和国际社会一同对旅游扶贫进行研究和实践，特别是2013年政府提出“精准扶贫”之后，旅游扶贫作为重点的扶贫方式越来越受到各方的关注，相关研究也是在不断推进和深化。

关于旅游扶贫的研究在不同时期的着重点有所不同，早期主要是对旅游扶贫的含义、内容和方式等基础性领域进行探索性研究，之后研究更多地开始探讨旅游扶贫模式的多元化、旅游扶贫参与主体的作用、旅游扶贫效果评估等领域，研究逐渐细化和深入（范梦丹等，2017）。目前，尽管关于旅游扶贫效应评价的研究很多，但对地区旅游扶贫发展状况的度量和评估还主要集中在对旅游扶贫绩效的评价上，如何对地区旅游扶贫的现状和发展态势做出评估，从而全面测度地区旅游扶贫水平和潜力并可进行纵横向分析比较的综合性研究还相对缺乏。随着旅游扶贫的发展，如何结合我国旅游扶贫发展的实际情况，探索出总体性的旅游扶贫发展度量与评价体系，是一个具有多方面意义但同时也极具挑战的研究课题。

为了全面了解中国各地区旅游扶贫综合水平和发展趋势，我们首次探索性地对中国旅游扶贫发展指数（PPT Development Index，PPTDI）进行了研究和构建。中国旅游扶贫指数构建的主要目标旨在通过定量描述和比较分析，反映旅游扶贫的综合水平和变化程度；分析旅游扶贫中各个要素的影响方向和影响程度；对旅游扶贫工作进行综合评价和测定；分析旅游扶贫在长时间内的发展变化趋势，了解地区旅游扶贫发展水平和状况，并可对未来发展做出相应预测。

一 构建旅游扶贫发展指数（PPTDI）的意义

旅游扶贫发展指数对地区旅游扶贫发展的规划、管理和控制具有意义。旅游扶贫指数能够全面和科学地反映包括省、市、县在内的各级区域的旅游扶贫总体水平以及在不同子指数层面的情况，各地区可以了解本地旅游扶贫总体状况和细节信息，通过与各项指标指向的比照可以检查现实工作与预期目标是否存在差异，从而进行修正。对于新区域的旅游扶贫工作，也可以对照指标体系进行规划，从而避免资源的浪费和规避风险，促进旅游扶贫工作的效率和效果。此外，还可以通过旅游扶贫发展指数进行时间纵向比较和空间横向比较。基于本地区历史进程的自我纵向比较，可以对本地区旅游扶贫发展进行回顾和对比，有助于把握本地区旅游扶贫发展特点和演进趋势，发现旅游扶贫中的薄弱环节，从而优化资源配置，实现旅游扶贫的长效目标以及地区和个体可持续发展的目的；通过与其他地区的横向比较，对比各项旅游扶贫发展指标的地区间差异，能够了解旅游扶贫发展的全貌和本地区所处的位置，明确本地区旅游扶贫的相对优势和问题及差距，从而采取相应措施改进。因而，旅游扶贫发展指数可以为政府部门制定旅游扶贫相关政策提供决策依据，有助于促进旅游扶贫管理的科学化和旅游扶贫管理机制的完善。

旅游扶贫发展指数对集成旅游扶贫合力具有意义。旅游扶贫不仅需要政府引导，更需要社会协同（刘向明和杨智敏，2002），尤其是当贫困地区的经济被激活之后，旅游扶贫的可持续发展需要建立产业体系加以保障，需要更多的社会力量发挥作用，企业和社会组织的参与可以带动多元化的旅游扶贫主体。然而，在目前的旅游扶贫工作中，社会参与扶贫的比重还相对较小，原因是多方面的，其中与社会组织对于旅游扶贫了解的渠道有限不无关系。旅游扶贫发展指数体系及其所揭示的需要增强的方面，为社会扶贫提供了了解和参与旅游扶贫的通道

中国旅游扶贫指数体系是一个综合战略工具，可以为各级政府部门旅游扶贫政策的制定和调整提供科学参考依据，也为其他相关利益者，如社会组织、企业、投资者等，提供了解和参与旅游扶贫的平台，助力提升旅游扶贫的效率和效果，促进旅游扶贫的可持续发展。

二　旅游扶贫发展指数（PPTDI）构建的基本思路

中国旅游扶贫发展指数旨在全面客观地度量地区旅游扶贫综合发展水平和进程，因此，在构建这一指数体系之初，主要遵循以下基本思路：

（一）旅游与扶贫结合

旅游扶贫是以贫困地区旅游资源为核心，寻找有利于当地经济和人口发展的旅游项目，实现脱贫的一种区域发展路径（李永文和陈玉英，2004）。显而易见，旅游扶贫涉及旅游和扶贫两大

内容，旅游扶贫的出发点和目的是扶贫，发展贫困地区的旅游是实现扶贫的路径。目前，关于减贫的指标多以衡量经济增长和社会发展的状况为主，而旅游发展的度量主要着重在旅游与地区发展的关系，目前旅游和扶贫还处于相对独立的体系中，将二者很好地融合从而实现减贫是目前旅游扶贫工作中急需解决的问题。本研究对减贫、旅游发展和旅游扶贫领域的关键要素进行剖析，并以个体和集体的减贫为基础和核心，建构一个从多维度全面衡量地区旅游扶贫水平状况以及发展态势的综合型指数。

（二）宏观与微观结合

旅游扶贫是通过开发当地的旅游资源，实现贫困地区居民和地方财政双脱贫（李莉，2013）。相对而言，目前对旅游扶贫的评估更多关注的是宏观效益，微观效益受到的关注则相对较少（范梦丹等，2017）。旅游扶贫评估的宏观方面主要包括贫困地区宏观经济、社会和生态情况。经济效益的评估主要是考察旅游扶贫带来的地区生产总值、相关产业发展和地区就业率等经济方面的变化；社会文化效益主要考察基础设施改善、社会治安和文化传承与保护等情况；生态效益主要是衡量当地环境生态的保护程度和可持续发展能力。其中经济效应是最为常用的衡量办法，如应用投资贡献和投资效率的应用来衡量旅游扶贫的绩效（赵小芸，2004）。微观层面主要是指贫困居民个人和家庭从旅游扶贫中获得的收益和发展机会，贫困者受益情况主要是从贫困者的实际收入、就业情况和自身感知及态度来进行测量。邢慧斌（2015）在对国内旅游扶贫绩效评估研究述评中认为我国长期以来对于旅游扶贫的评估主要侧重于宏观层面。然而，旅游扶贫无论出发点还是落实点都是以贫困居民的减贫和发展为根本，旅游扶贫是扶贫的一种方式，目的是为了缓解和消除贫困和让贫困居民获得致富能力和机会，提升贫困居民包括经济在内的全面发展，如教育、自我发展能力等可持续发展的能力。因而，旅游扶贫的目标是贫困居民的受益和发展以及由此带来的贫困地区的综合发展，旅游扶贫行为中需要把贫困者的利益放在首位。我们认为旅游扶贫过于偏重宏观效应和微观效应都是不适宜的，英国国际发展局提出PPT的重要特征之一就是关注个人和家庭利益，但同时也强调要关注集体利益。中国旅游扶贫发展指数（PPTDI）体系在对指标的选取上对宏观和微观进行综合考量，以期能全面评估旅游扶贫对于地区和个体状况的影响。

（三）理论与实际结合

减贫及旅游扶贫一直以来为全球社会所关注，国内外在不同时期以不同着重点对此进行了大量的研究工作。中国旅游扶贫指数（PPTDI）是在借鉴众多研究成果的基础上，结合中国旅游扶贫实际情况而建立的测量中国贫困地区旅游扶贫水平和进程以及评估地区旅游扶贫可持续发展能力的指标体系。我国幅员辽阔，各个贫困地区的旅游扶贫发展模式和发展路径上存在着差异，因此在指标的选择上既要考虑地区因素，又要能够具有普遍适用性。

（四）强调旅游扶贫的可持续发展

我们认为旅游扶贫的可持续发展既包括地区的可持续发展空间，也包括贫困个体的可持续发展能力。

旅游扶贫的正效应显而易见，如增加贫困者收入、改善贫困地区经济发展和社会进步、带动关联产业发展等。旅游扶贫也会产生负效应，目前主要包括开发过度、旅游飞地、环境和生态破坏、不均衡的利益分配、文化商品化、传统文化受到冲击等负面效应（Rogerson，2002；唐建兵，2007；张晓明等，2010），例如，旅游发展会促进当地文化遗产的保护，但也可能会使当地文化失去本真（Zurick，1992），甚至当地原生态文化遭到破坏（陈袁丁，2014）；旅游开发可能对地区自然环境和生存环境的消耗和破坏，典型的如森林资源减少（Gurung，1991）、农田减少（Wall，1996）等问题。这些问题会影响地区旅游扶贫的可持续发展，而发展旅游扶贫的重要原则就是以保护环境为前提实现地区生态和经济可持续发展（郭清霞，2003）。

旅游扶贫的最终目的是改善贫困居民的生活水平，因而旅游扶贫应以贫困者为本，这也是旅游扶贫的原动力。实现贫困居民经济收入的提高是旅游扶贫的明确目标，但单纯的经济收入提升是不足够的，还要让贫困居民在非经济方面的受益，如社会、文化和技能等方面都获得改善和提升。包军军和严江平（2015）在对甘肃省白银市龙湾村旅游扶贫的研究结果显示旅游扶贫对贫困者在经济方面的带动效应最大，其次是权利提升、思想促进和资源弥补等效应。旅游扶贫需要带动的是贫困居民的整体能力的提升，而非单一作用，并且只有切实提升了贫困居民的知识和技能素质，使其获得了自我发展能力，才能实现个体的可持续发展。

中国旅游扶贫指数（PPTDI）将旅游扶贫的可持续性作为重要的考量维度，评估包括地区和居民在内的可持续发展能力。

三 中国旅游扶贫指数指标体系（PPTDI）构建原则

旅游扶贫涉及的指标是多元的，选取具体指标时主要坚持以下基本原则：

（一）科学性原则

科学性是构建任何指数指标体系的基础原则，并贯穿整个评价过程。科学性的含义包括指标选取有理论依据、指标的定义需要明确、统计方法规范稳定、指标测量方法标准、数据来源权威、客观地进行评价分析和解读等方面。中国旅游扶贫指数

（PPTDI）在指标的构建和分析上，主要遵循以下具体原则：指标体系的选择和构建整体以理论为指导，借鉴国内外已有的研究成果，特别是在相应研究领域中较为成熟的理论作为基础支持，指标的选择具有理论角度的合理性；具体单项指标需要有清晰的界定和明确的定义，选择统计范畴的规范化指标，避免使用意义复杂以及统计口径常有变化的指标；各项指标尽可能地采用通用的名称和计算方法；采用权威数据来源，保证评估结果的客观性。

（二）系统性

旅游扶贫不是简单经济意义上的减贫，更关系到社会、经济和生态等诸多方面，是个复杂多层次的综合型系统。因而，在对旅游扶贫进行评估时，需要从不同角度全面系统地进行综合分析，充分考虑各分指数体系的内在逻辑和有机联系，避免单一性指标带来的偏差。中国旅游扶贫指数（PPTDI）体系涵盖了宏观指标和微观指标，既能够反映全局的、多维度的特征，又可以洞察局部的、单维度项的水平；同时，旅游扶贫指数（PPTDI）既可以反映每个省、市、县旅游扶贫的总体水平和状况，又可以反映局部地区的特征，还可以显示出每个地区在各个要素层面的状况。中国旅游扶贫指数（PPTDI）指标体系在各个维度之间相互独立又相互联系，整合后构建成指数体系的有机整体，同一指标在时间维度上具有纵向可比性，又具有总体评价体系的横向可比性，保证指数体系在时间和空间都有可比性和持续性。

（三）代表性和精炼性

旅游扶贫的影响因素众多且关系复杂，然而指标的选取并不是越多越好，因为庞杂和过多的指标会干扰体系的构建和测量效果，应力求在全面的基础上突出重点和代表性，选取对评价有直接关系和重要影响的指标。中国旅游扶贫指数（PPTDI）的指标体系既考虑体现度量的综合性，并给予具体测量以明确的规定性，同时又力求简明精炼。因而，在指标选取上选择有针对性的重点指标和有代表性的关键指标，而不考虑相关度低以及对指数影响微弱的指标，化繁为简，用尽量少的指标全面、综合、准确地反映地区旅游扶贫情况，实现指标体系整体最优。

(四）动态性

旅游扶贫是一个不断发展的过程和课题，需要从动态发展角度去研究，因而指标的选择上需要能够度量未来的发展，这样才能有助于把握旅游扶贫的趋势，从而可以及时调整策略和方法。中国旅游扶贫指数（PPTDI）既是对地区过去旅游扶贫状况的结果呈现，也反映了地区未来旅游扶贫工作持续发展的潜力，从而达到指数构建的目的。

(五）可获得性

在实际操作中，需要考虑所选指标数据获得的难易程度，切实考虑统计的可操作性和数据资料的可获得。如果数据不可得，则指数就无法进行量化计算，或者获得成本太高，则无法持续地进行动态测量、比较和评价。由于时间关系，本阶段研究对旅游扶贫发展指数（PPTDI）先提出概念模型和测度方法，进一步根据数据进行各地区旅游扶贫发展指数测算和分析则安排在下一期的研究中。

四　中国旅游扶贫发展指数（PPTDI）构建及其概念模型

(一）中国旅游扶贫发展指数（PPTDI）的基本架构

在旅游扶贫发展指数（PPTDI）建构之初，我们借鉴了国内外关于减贫、旅游和旅游扶贫等方面的研究成果，并在比较各类相关指数建构方法的基础上，结合中国旅游扶贫指数体系的基本思路和原则，通过多轮专家讨论，提炼出具有代表性的旅游扶贫发展指数的共性指标，提出旅游扶贫发展指数（PPTDI）的6个主体层指标，即旅游资源指数、社会经济发展指数、旅游扶贫政策指数、旅游扶贫绩效指数、营销推广指数、可持续发展指数（如图1所示）。这些子指数既相互独立又彼此作用，形成一个互动的系统。每一个子指数又包含若干指标，指标有单一或多项数据合成。旅游扶贫发展指数（PPTDI）的基本架构综合了社会、经济、政策、资源、绩效、营销、可持续等多方面因素，以期可以全面、科学和客观地量度中国的地区旅游扶贫发展状况。

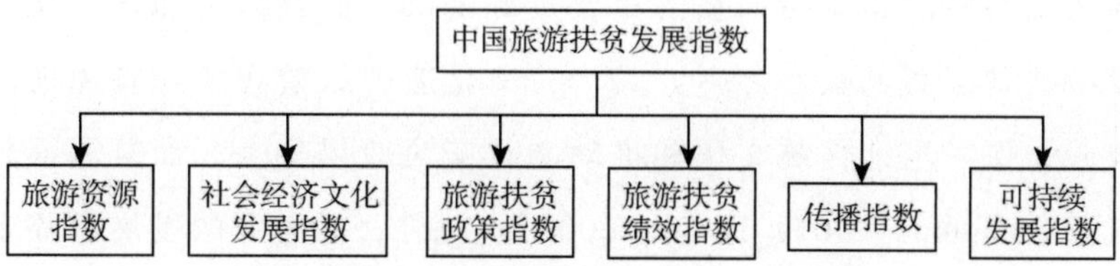

图1　中国旅游扶贫发展指数基本框架示意

（二）中国旅游扶贫发展指数（PPTDI）子指数系统及指标构成

本研究指标设计经过两轮专家意见征询，从理论和数理的角度对旅游扶贫指数体系指标构成进行了论证，最终形成了一个包括6个主体层和35个二级指标的结构体系。旅游扶贫发展指数体系的主体层主要是从旅游资源基础、政策支持程度、社会经济发展能力、旅游扶贫效应、营销推广和可持续发展这六个角度来建构中国旅游扶贫指数指标。在旅游扶贫指数体系中，可以通过单一主体层指数全面了解地区旅游扶贫各层面的发展水平，还可以通过整体指数来全面了解地区旅游扶贫的综合情况和发展趋势。

1. 旅游资源指数

发展旅游是旅游扶贫的路径，因此，旅游资源是地区在发展旅游扶贫中所依托的客观基础和前提条件，旅游资源的条件决定了地区旅游扶贫能否开展和承载潜力。人类作为自然界的一部分，必然受到自然环境的影响，有观点认为自然环境对人类社会的政治和经济等起决定作用，自然环境条件恶劣是贫困形成的重要因素之一（Lewthwaite，1966）。很多贫困地区都是自然资源匮乏和环境闭塞的区域，近年来贫困向山区聚集的现象也反映了环境因素的影响。旅游资源匮乏的贫困地区开展旅游扶贫则会非常困难，贫困地区旅游资源的禀赋、规模和竞争力等条件决定了该地区是否有可能以发展旅游的方式进行扶贫。因而，在进行旅游扶贫决策的时候，需要对地区各种基础资源进行分析和评估，从而判断该地区旅游扶贫的可行性和发展潜力。王兴水等（2004）认为旅游资源是旅游扶贫的重要资源基础，而且认为地区文化是旅游扶贫资源的核心之一。其中，文化遗产旅游在增加贫困地区收入，保护当地传统文化和推动文化交流效果显著，而且漏损较低（Hampton，2005；Poyya，2003）。此外，旅游业的发展是需要其他相关行业相配套的，其中紧密相关的包括交通运输业、住宿、餐饮等多个行业，交通关系到旅游地的可进入性，住宿是旅游发展必不可少的组成部分，对旅游扶贫有积极影响（Fortanier，2010），而且住宿和餐饮不仅是旅游的重要环节，也为当地居民提供了就业机会。这些行业基础也构成了旅游必不可少的资源条件，因而，我们在旅游扶贫发展指数（PPTDI）体系中，旅游资源主体层由自然旅游资源（4A级以上景区数量、国家级文物保护单位数量）、文化旅游资源（历史文化名城/镇数量、国家级非物质文化遗产数量、省级非物质文化遗产数量）和旅游配套资源（交通、住宿）这些指标构成。

国外旅游扶贫研究主要是从经济、社会、环境等方面展开，例如Tony和Etienne（2002）对南非政府旅游扶贫开发的研究，探讨如何将经济、社会和环境的资源在社区旅游减贫中的利用。旅游资源是旅游扶贫的基础条件之一，除了旅游资源基础，旅游扶贫开展还需要其他基础条件的共同作用相辅相成，社会经济基础和政策支持是其中两个非常重要的基础要素。

2. 社会经济文化发展指数

社会经济文化发展指数是对地区社会、经济、文化教育发展现状的量度。开展旅游扶贫需要必要的社会经济文化条件，地区的社会经济文化基础决定了旅游扶贫阶段性起点的高低。地区社会和经济发展相对水平对于开展旅游扶贫的重要性毋庸置疑，但文化教育和人口素质是实现减贫和富裕的深层基础要素。

贫困是普遍的人类经济社会现象，有其复杂的发生原因，只有深入了解了贫困成因，才能有针对性地消除产生贫困的根源，从而实现减贫和富裕。一直以来，研究从不同视角对贫困发生机理进行了探究，最终可以将贫困成因归结为制度、环境、社会、文化、经济等因素，除了这些客观因素，造成贫困还有个体和群体的教育程度、态度、行为方式等原因有关。英国国际发展局在1999 年提出旅游扶贫概念后，于 2000 年 9 月至 12 月资助了包括南非、纳米比亚、圣卢西亚、厄瓜多尔、乌干达、尼泊尔在内的6 个案例地区的旅游扶贫实践和研究，2001 年对所资助的 6 个地区旅游扶贫发展做了研究报告，报告显示文化教育和技能的缺乏是所有案例地区发展的最主要障碍之一。Moynihan（1969）则认为低成就动机引发低社会流动进而导致低教育水平和低竞争力，最终造成低收入和低社会地位，并形成恶性循环。在实际的扶贫工作中常有发生的“等、靠、要”的情况就是这样心理动机的行为外显，而贫困又使得个体受教育和接触外界的机会减少，深化了这样的心理和行为模式。同时，由于教育和技能的缺失和限制，又造成了劳动素质不够和人力资本不足，贫困因而进一步加剧，形成了积累性的恶性循环。

因而，我们在社会经济文化发展指数体系中，对经济、教育和社会维度都有量度，具体包括地区经济基础（人均地区生产总值、第三产业占地区生产总值的比重）、教育基础（教育经费占地区生产总值的比重、成人技术培训学校数量)、生活水平（农村居民消费支出占地区总消费支出的比重、农村居民人均可支配收入增长率）以及生活设施水平（乡燃气普及率、乡用水普及率)。

3. 旅游扶贫政策指数

旅游扶贫政策指数反映的是政府对地区旅游扶贫政策性支持的力度，对旅游扶贫的方向和运行起着关键作用，是中国旅游扶贫发展中必不可少和极为重要的因素。政府部门的有关政策是旅游扶贫开展的必要条件，尤其在目前主要以政府为主导社会参与的旅游扶贫的模式下。科学合理的政策会促进扶贫的推进和发展，反之，政策失误则会形成分配不公平进而导致贫困（Townsend，1993)。

旅游扶贫政策包括扶贫相关政策、旅游发展相关政策和直接关于旅游扶贫的政策。此外，政策性资金支持也是旅游扶贫政策性支持的重要部分，可以帮助贫困居民解决旅游扶贫参与的资金障碍。因而，中国旅游扶贫指数（PPTDI）主要从政府旅游扶贫政策（一年内政府关于旅游扶贫政策发布频率增长率）和各项相关资金投入（扶贫政策性支出增长率、旅游扶贫政策性支出增长率、地区固定资产投资增长率、非物质文化遗产专项保护资金增长率、文物保护专项保护资金增长率）这两个角度进行度量。

4. 旅游扶贫绩效指数

旅游扶贫绩效指数是对地区旅游扶贫效果的综合评估。旅游扶贫的成效需要进行动态监测，并根据监测结果进行相应调整。PPT 的主要目标是实现经济效益、自然效益、社会效益、文化效益和无形福利等方面综合发展（Suntikul et al.，2009)，旅游扶贫绩效既包括经济绩效也包括非经济绩效。早期对于旅游扶贫绩效的评估多是考察旅游扶贫对地区经济的推动和当地相关产业的带动，随着对旅游扶贫研究和实践的深入，现在研究更多是多维度来测量旅游扶贫绩效，例如，Martino（2000）发现乡村旅游不仅能够为当地居民创造就业，更能够实现经济与文化的共同进步；李佳等（2009）对三江源地区旅游扶贫效果的评估是从经济、资源、人口、社会这四个方面展开；何红等（2014）从经济绩效、社会绩效和生态绩效这三个角度对集中连片特困区域旅游扶贫绩效进行评估。此外，有些研究则是从旅游扶贫的微观效应来进行评估，例如，郭舒（2015）在对东北六个贫困地区的旅游扶贫效应的研究中指出采用贫困家庭收入占总收入比重作为衡量指标比用宏观旅游总收入更能体现精准扶贫。

我们认为地区旅游扶贫发展状况的度量应是多维度的，旅游扶贫的综合效应大于经济效应，无论对地区宏观经济、社会和文化发展，还是对个体的收入、文化教育和技能等都会产生影响。因而，旅游扶贫绩效指数包括了对于减贫绩效（贫困居民占人口比重下降比例、建档贫困户收入增长率）、旅游发展绩效（旅游收入占 GDP 的比重、旅游收入增长率、过夜游客量增长率）和个人发展绩效（贫困居民参加培训人数增长率、高中阶段教育入学增长率、农村养老参保增长率）这些维度的测量。通过动态地监测旅游扶贫绩效指数的变动情况，可以了解扶贫效果，跟踪旅游扶贫的发展。

5. 传播指数

旅游推广和营销是对旅游扶贫的助力。在信息化时代，营销推广的作用不容忽视，通过有效的市场营销提高地区知名度，吸引游客，进而促进旅游业的发展并带动旅游扶贫。Ashley 等（2001）在对 PPT 策略的研究中指出了贫困居民在旅游扶贫参与中所遇到的若干障碍和困难，其中就有旅游宣传不足这个问题，Holland（2003）在对乡村旅游的研究中显示了地区旅游形象对乡村旅游和消除贫困的影响作用，吴珏等（2011）对国际旅游岛背景下海南旅游扶贫策略研究中提出了宣传扶贫，以旅游宣传促进为主来辅助旅游扶贫的成效。可见，营销推广对于各国旅游扶贫发展的推动作用都是显著的，但相对于其他维度的研究，对于旅游扶贫营销推广的关注度偏低。

基于此，我们将传播作为整体旅游扶贫发展指数（PPTDI）的主体层之一，并结合互联网时代的发展趋势，还对新媒体以及受众互动做了测量，具体包括：推介推广（旅游扶贫内容信息数量、地区旅游推广曝光度）以及受众参与（新媒体受众参与度）。

6. 可持续发展

可持续发展指数反映的是在旅游扶贫中环境资源的保护程度以及地区和个体减贫的可持续发展能力，体现了地区旅游扶贫的效能和潜力，也决定了旅游扶贫未来发展的持续能力。

从 PPT 在全球的实践上看，旅游扶贫对生态环境存在着消极性，旅游过度开发对森林资源、水资源以及土地造成了破坏和掠夺（Wall，1996；宋德义和李立华，2014）。实证研究对此观点有所验证，如 Gurung（1991）的研究显示山地旅游区的建设导致尼泊尔加奥里帕尼地区森林覆盖面积以每年 1 公顷的速度在减少；我国武陵源地区在开发旅游过程中造成了当地生态资源浪费、环境污染以及原生态文化破坏的问题（粟娟，2009）。在我国，生态环境脆弱地区与贫困地区在地理分布上存在较强的耦合性，国家扶贫重点县多位于我国生态脆弱地区（张琦等，2014），因而，生态环境的保护对于贫困地区就更为重要，如果不考虑生态环境而只关注经济发展，最终不但不能脱贫，还可能会导致地区更加贫困（王成武等，2010）。

贫困不仅指物质上的贫穷也包括观念和思想的匮乏（刘向明和杨智敏，2002）。贫困居民大多数职业技能有限，并且缺乏自身发展的主观意识（张琦等，2014）。在英国国际发展局资助的 6 个案例区 PPT 发展研究中，人力资本的缺乏是在所有的案例区被视为贫困者参与旅游发展和减贫的最主要障碍（张伟和张建春，

2005）。此外，经济增长的涓滴效应带动减贫的效应逐渐减弱，对于减少贫富差距以及提升福利和发展机会的作用也很有限。因此，减贫不仅包括提高贫困者的经济收入水平，更要包括提升其发展能力以及获得平等机会和权利，旅游扶贫在提高收入的方式上选择可持续发展的实现路径，形成个体自主发展能力为核心的内源机制，从主要追求经济增长到实现贫困者的全面发展为目标，最终消除贫困，缩小区际和人际之间的贫富差距（宋志攀，2012）。

旅游扶贫的最终目的是实现经济、社会、文化、生态的长期稳定的发展，而不是暂时性地解决部分问题。中国旅游扶贫发展指数（PPTDI）试图突破以往把扶贫简单指向经济脱贫的局限，强调人、地区、环境的协调和长期稳定的动态发展。在可持续发展指数中，我们分别对生态保护（环境保护支出增长率）、个体发展（贫困居民职业技能培训投入增长率）以及配套行业增长（住宿餐饮增长率）作为对旅游扶贫可持续性的综合测量，其中配套行业对于地区旅游业和对当地就业有长效的影响作用。

旅游资源、社会经济文化发展、政策支持是旅游扶贫基础的表征指标，营销推广、旅游扶贫绩效和可持续发展则为扶贫效果的表征指标，这些指标既体现了旅游作为扶贫的路径，又强调了扶贫的目的，同时考虑到了旅游扶贫的可持续性以及当地居民的长期福祉，包含了资源、政策、经济、民生等多个领域，从不同角度对旅游扶贫进行评价。由此可见，旅游扶贫发展指数（PPTDI）体系突出了地区旅游扶贫的发展和发展的可持续性，兼顾资源基础（自然资源、政策资源、社会经济文化资源）和市场努力的因素，以及在这些条件下的旅游扶贫绩效和未来发展潜能。旅游扶贫发展指数（PPTDI）的指标体系层次和要素如下（见表1）。

表 1　　中国旅游扶贫发展指数（PPTDI）指标体系

<table>
<tr><th>指标名称</th><th>二级指标</th><th>指标衡量</th></tr>
<tr><td rowspan="7">DI1
旅游资源指数</td><td rowspan="2">DI1 - 1
旅游吸引力</td><td>4A 级以上景区数量</td></tr>
<tr><td>国家级文物保护单位数量</td></tr>
<tr><td rowspan="2">DI1 - 2
可进入性</td><td>酒店数量</td></tr>
<tr><td>交通基础设施</td></tr>
<tr><td rowspan="3">DI1 - 3
文化特色</td><td>历史文化名城/镇数量</td></tr>
<tr><td>国家级非物质文化遗产数量</td></tr>
<tr><td>省级非物质文化遗产数量</td></tr>
<tr><td rowspan="8">DI2
社会经济
发展指数</td><td rowspan="2">DI2 - 1
经济基础</td><td>人均地区生产总值</td></tr>
<tr><td>第三产业占地区生产总值的比重</td></tr>
<tr><td rowspan="2">DI2 - 2
文化教育</td><td>教育经费占地区生产总值的比重</td></tr>
<tr><td>成人技术培训学校数量</td></tr>
<tr><td rowspan="2">DI2 - 3
生活水平</td><td>农村居民消费支出占地区总消费支出的比重</td></tr>
<tr><td>农村居民人均可支配收入增长率</td></tr>
<tr><td rowspan="2">DI2 - 4
生活设施水平</td><td>乡燃气普及率</td></tr>
<tr><td>乡用水普及率</td></tr>
<tr><td rowspan="6">DI3
旅游扶贫
政策指数</td><td>DI3 - 1
旅游扶贫政策</td><td>一年内政府关于旅游扶贫政策发布频率增长率</td></tr>
<tr><td rowspan="5">DI3 - 2
资金投入</td><td>扶贫政策性支出增长率</td></tr>
<tr><td>旅游扶贫政策性支出增长率</td></tr>
<tr><td>地区固定资产投资增长率</td></tr>
<tr><td>非物质文化遗产专项保护资金增长率</td></tr>
<tr><td>文物保护专项保护资金增长率</td></tr>
<tr><td rowspan="8">DI4
旅游扶贫
绩效指数</td><td rowspan="2">DI4 - 1
减贫绩效</td><td>贫困居民占人口比重下降比例</td></tr>
<tr><td>建档贫困户收入增长率</td></tr>
<tr><td rowspan="3">DI4 - 2
旅游发展绩效</td><td>旅游收入占 GDP 的比重</td></tr>
<tr><td>旅游收入增长率</td></tr>
<tr><td>过夜游客量增长率</td></tr>
<tr><td rowspan="3">DI4 - 3
个体发展绩效</td><td>贫困居民参加培训人数增长率</td></tr>
<tr><td>高中阶段教育入学增长率</td></tr>
<tr><td>农村养老参保率</td></tr>
<tr><td rowspan="2">DI5
营销推广指数</td><td rowspan="2">DI5 - 1
主体发布</td><td>旅游扶贫内容信息数量</td></tr>
<tr><td>旅游推广曝光度</td></tr>
</table>

续表

指标名称	二级指标	指标衡量
DI5 营销推广指数	DI5－2	受众参与新媒体（微博、微信）受众参与度
DI6 可持续 发展指数	DI6－1 生态保护	环境保护支出增长率
	DI6－2 个人发展	贫困居民职业技能培训投入增长率
	DI6－3 配套增长	住宿餐饮增长率

五　旅游扶贫发展指数（PPTDI）的测度方法

旅游扶贫发展指数（PPTDI）指标体系的应用，为地区发展旅游扶贫提供了一个客观量度和纵横向比较的方法和工具，而规范科学地评估流程和数据处理方法可以在相当程度上保证评价结果的可用性和稳定性。

目前，评价体系的量化计算方法很多，如综合评价法、主成分分析法、因子分析法、合成指数法、层次分析法、模糊评价和数据包络分析法等。旅游扶贫发展指数（PPTDI）指标体系采用“综合指数法”对指标进行量化。综合指标法是将不可同度量的变量通过同度量因素的变量转换为可相加的总量指标，然后以总量指标对比所得到的相对数来说明复杂现象量的综合变动的一种指数量化方法（徐国祥，2011）。综合指标法基于综合评价的构念进行指标量化分析，其特点是概念明确、指标构成意义清晰、数学过程简明、先综合而后对比，结果的意义十分明显，既可以说明现象变动的方向和程度，也可以说明现象变动所产生的实际效果。

为了确保不同方向和不同量纲的指标能进行合成来反映综合结果，首先需要对原始数据进行同向化处理和无量纲化处理。在旅游扶贫发展指数（PPTDI）指标体系中，各项指标均为正向关系，因此不需要进行同向化处理。旅游扶贫发展指数（PPTDI）

是一个多指标的综合评价体系，各个指标的性质和计量单位有所不同，因而需要进行无量纲化处理，以用于指标的比较和综合分析。去量纲化的方法有标准化法、归一化法、极值法和功效函数法等方法。本研究采用的是功效函数法，功效函数是指各项评价指标的实际值与该指标允许变动范围的相对位置，功效函数法是进行综合统计评价时，采用算数平均数或几何平均数，对各项功效函数求总功效函数，作为对总体的综合评价值，并进行比较判定。功效函数法的计算公式如下：

$$X_i = (x_i - x_{is})/(x_{ih} - x_{is})$$

其中，x_i为第 i 项评价指标，x_{ih}和x_{is}分别为指标 x 的最大值和最小值，他们的选取是相应指标的最佳值和最差值，因而不随着评价年份的改变而改变，这就为旅游发展指数（PPTDI）体系在时间纵向的比较提供了必要条件。

在对原始数据进行处理后，就可以按照权重进行加权综合。本研究通过专家意见法确定主体层指数和各项二级指标的权重。最后把主体层指数合成为最终的综合旅游扶贫发展指数（PPTDI）。常见的指数合成方法有算数平均法、几何平均法以及算数平均和几何平均调和法。由于旅游扶贫发展指数（PPTDI）体系要重点考虑一个地区各项子指数层面发展水平情况以及各个地区之间的差异，因而几何平均法较为适合，因为几何平局发在同一数据条件下，计算的结果适中，介于算数平均法和调和法之间，对指标数值变动的反映比算数平均法合成的模型更为灵敏，并且更易突出数值较小指标的作用，综合评价的效度更高。加权几何平均法的公式如下：

$$\bar{X} = \prod x_i^{wi}$$

其中，X 为合成后的综合指标，x_i为第 i 项评价指标，wi 是第 i 项评价指标的权重。

参考文献：

[1] 包军军、严江平：《基于村民感知的旅游扶贫效应研究——以龙湾村为例》，《中国农学通报》2015 年第 6 期。

[2] 陈袁丁：《少数民族地区乡村旅游扶贫问题浅析——以恩施市太阳河乡为例》，《中外企业家》2014 年第 10 期。

[3] 郭清霞：《旅游扶贫开发中存在的问题及对策》，《经济地理》2003 年第 4 期。

[4] 郭舒：《基于产业链视角的旅游扶贫效应研究方法》，《旅游学刊》2015 年第 11 期。

[5] 何红、王淑新：《集中连片特困区域旅游扶贫绩效评价体系的构建》，《湖北文理学院学报》2014 年第 8 期。

[6] 李刚、徐虹：《影响我国可持续旅游扶贫效益的因子分析》，《旅游学刊》2006 年第 9 期。

[7] 李佳、成升魁、马金刚等：《基于县域要素的三江源地区旅游扶贫模式探讨》，《资源科学》2009 年第 11 期。

[8] 李莉：《重庆旅游扶贫问题及提升对策研究》，《现代商贸工业》2013 年第 18 期。

[9] 李永文、陈玉英：《旅游扶贫开发的 RHB 战略初探》，《经济地理》2004 年第 4 期。

[10] 刘向明、杨智敏：《对我国“旅游扶贫”的几点思考》，《经济地理》2002 年第 2 期。

[11] 宋德义、李立华：《国外旅游减贫研究述评——基于经济学理论研究和旅游减贫实践的视角》，《地理与地理信息科学》2014 年第 3 期。

[12] 宋志攀：《湖北省武陵山区消除贫困研究》，硕士学位论文，华中师范大学，2012 年。

[13] 粟娟：《武陵源旅游扶贫效益测评及其优化》，《商业研究》2009 年第 9 期。

[14] 唐建兵：《旅游扶贫效应研究》，《成都大学学报》（社会科学版）2007 年第 2 期。

[15] 王成武、白明英、赵丽丽：《我国西南地区旅游扶贫实施中应注意的若干

问题》,《特区经济》2010 年第 7 期。

[16] 王兴水、甘巧林、尚志海:《乡村旅游文化资源开发研究》,《云南地理环境研究》2004 年第 4 期。

[17] 吴珏、谢祥项、范士陈:《国际旅游岛背景下海南旅游扶贫策略研究》,《特区经济》2011 年第 5 期。

[18] 邢慧斌:《国内旅游扶贫绩效评估研究述评》,《商业经济研究》2015 年第 33 期。

[19] 徐国祥:《统计指数理论、方法与应用研究》,上海人民出版社 2011 年版。

[20] 张琦:《中国绿色减贫指数报告》,经济日报出版社 2014 年版。

[21] 张伟、张建春:《国外旅游与消除贫困问题研究评述》,《旅游学刊》2005 年第 1 期。

[22] 张晓明、张辉、魏伟新:《基于旅游扶贫战略的效应分析及创新对策研究——以星子县为例》,《生态经济》(中文版)2010 年第 5 期。

[23] 赵小芸:《旅游投资在西部旅游扶贫中的效用分析》,《旅游学刊》2004 年第 1 期。

[24] Ashley, C., Roe, D., Goodwin, H., "Pro-poor tourism strategies: making tourism work for the poor", *A review of experience*, 2001.

[25] Fortanier, F., Wijk, J. V., "Sustainable tourism industry development in Sub-Saharan Africa: Consequences of foreign hotels for local employment", *International Business Review*, 2010, 19 (2): 191 - 205.

[26] Gurung, H., "Environmental management of mountain tourism in Nepal", *Report on study conducted for Economic Social Commission for the Asia and the Pacific (ESCAP)*, Bangkok, New York: 1991.

[27] Hampton, M. P., "Heritage, local communities and economic development", *Annals of Tourism Research*, 2005, 32 (3): 735 - 759.

[28] Holland, J., Burian, M., Dixey, L., "Tourism in poor rural areas: Diversifying the product and expanding the benefits in rural Uganda and the Czech Republic", *PPT Working Paper* No. 12, 2003.

[29] Poyya, M. G., "Promotion of peace and sustainability by community based heritage eco-cultural tourism in India", *The International Journal of Humanities*

and Peace, 2003, 19 (1): 40－45.

[30] Rogerson, C. M., "Tourism and local economicdevelopment: The case of the Highlands Meander", *Development Southern Africa*, 2002.

[31] Suntikul, W., Bauer, T., Song, H., "Pro-poor tourism development in Viengxay, Laos: Current state and future prospects", *Asia Pacific Journal Research*, 2009, 14 (2): 153－168.

[32] Tony, B., Etienne, N., "Devolvingdevelopment: Integrated development planning and developmental local government in post-apartheid South Africa", *Regional Studies*, 2002, 36 (8): 921－932.

[33] Wall, G., "Perspectives on tourism in selected Balinese villages", *Annals of Tourism Research*, 1996: 23 (1): 123－137.

[34] Zurick, D. N., "Adventure travel and sustainable tourism in the peripheral economy of Nepal", *Annals of the Association of American Geographers*, 1992: 82 (4): 608－628.

旅游扶贫传播指数

林佳颖

一　研究背景及理论依据

（一）研究背景

旅游业是现今的一大朝阳产业。随着消费水平不断地提升，闲暇时间逐渐增长，国民消费意识与生活方式渐渐地变化，旅游在生活中也变得越来越流行。

旅游业是典型信息密集型产业，信息对旅游行业具有重要的作用。旅游产品的无形性、不可存储性、不可转移性使得各旅游目的地必须向消费者传递每一个旅游景区的信息，这样旅游目的地在各类媒体或旅游推介会上宣传自己就成了各旅游目的地的一个最重要的推广手段。扶贫旅游是一般旅游与社会责任结合衍生的一类旅游产品分支，依旧保有一般旅游依靠信息传播实现市场推广的特性。目前对于旅游现象的研究，大多是从经济学角度来探讨，而通过传播这一新视角来研究旅游业则处于初级阶段。

1. 宣传成为旅游区域提升竞争力的重要战略

近年来，乡村旅游、生态旅游、特色小镇等主题旅游发展迅速，为扶贫旅游带来了市场机遇，同时也加剧了客源市场的竞争，各地为了吸引更多旅游者前来观光，塑造良好的旅游形象，打造有价值的旅游品牌已经成为旅游目的地增强竞争力的重要战略手段之一。

《“十三五”旅游业发展规划》出台，各地掀起全域旅游发展热潮，在国家旅游局的积极引导下，“人人是旅游形象，处处是旅游环境”正凝聚为强烈的社会共识，文明旅游成为全域旅游发展的题中之意。与此同时各地旅游形象的构建也已上升至政治层面，各级政府的“十三五”规划中，大多提出要塑造更为明确的旅游形象与旅游口号，增强文化品牌的意识，突出区域核心价值。例如河南洛阳栾川县在《栾川县“十三五”旅游业发展规划》中提出项目建设、用好资源、提升服务、优化环境等发展方向。更值得注意的是，在规划的引导下，逐渐出现了旅游形象与区域形象趋同现象，旅游形象推广已然成为一种传播区域品牌形象的重要手段，两者关系愈加密切，不少区县更是将其旅游形象嫁接为区域品牌形象，旅游形象的重要性可见一斑。

2. 社会化媒体成为旅游形象传播的重要载体

互联网的诞生带来了人们生活的极大便利，并源源不断的繁衍出新生事物让我们一直伴随着时代脚步体验更多。在网络创新应用大潮的逐步推进下，社会化媒体已经成为网民在互联网上的重要基础应用之一，其带来的多样化社交网络应用正在改变着人们对互联网的使用习惯。2010 年，微博的迅速发展是我国社会化媒体发展的一个重要节点，以新浪、腾讯微博代表的微博因其设计短小精悍，方便用户发表和接收一些零碎的资讯而深受用户青睐。据中国互联网络信息中心（CNNIC）最新统计①显示，截至 2016 年 12 月，我国网民规模达 7.31 亿，普及率达到 53.2%。全年共计新增网民 4299 万人，增长率为 6.2%。中国网民规模已经相当于欧洲人口总量。此外，我国手机网民规模达 6.95 亿，增长率连续三年超过 10%。目前微博已经成为网民获取信息的重要途

① 2017 年 1 月 22 日 CNNIC 发布第 39 次《中国互联网络发展状况统计报告》。

径之一，从满足人们弱关系的社交需求上逐渐演变成为大众化的舆论平台，越来越多机构及公众人物都通过微博来发布或传播信息。另一方面，继微博之后，2011 年中国社会化媒体发展史上迎来了微信时代，它以手机为载体，通过手机网络，实现快速发送语音短信、视频、图片、文字等，颠覆了传统的交流沟通方式，截至 2016 年第三季度，我国微信用户已超过 5.7 亿[①]并还在持续上升，一种以微信为中心的生活方式正在形成。社会化媒体正在改变世界，各式各样的社交网络不仅改变了人与人之间的沟通方式，也改变了媒体传播和市场营销的方式，在这个时代的背景下，旅游形象在塑造、传播、推广过程中将带来怎样的转变值得深思。

（二）主要理论基础

1. 媒介依赖论

媒介依赖论是由桑德拉·鲍尔－洛基奇和梅尔文·德弗勒在《大众传播媒介效果依赖模式》中提出的，之后对其进行了进一步的完善。该理论是对过去传播理论进行了整合，在此基础上分析指出在信息社会，媒介、社会及受众三个系统之间是相互依存的关系，且传媒发挥着越来越重要的作用，借此解释大众传媒复杂的影响力。该理论主要考察社会背景下，作为社会系统一个重要组成部分的大众传播是怎样发挥其作用。某一系统对媒介系统依赖性越强，媒介社会影响力则越大。

就媒介系统与受众的相关依赖关系而言，媒介依赖论的基本内容包括：所有社会的人们都需要信息，为做出决定提供依据；早期，通过亲朋好友获取信息是主要渠道，方式较为单一；城市工业社会时期，亲朋好友这一单一的传播渠道已不能满足人们获取更多信息的需要，大众传播的出现以及普及，正满足了人们对

① 2016 年 10 月 31 日企鹅智酷发布最新 2016 版《微信数据化报告》。

多样化信息的需求。

对于社会系统与媒介系统相互依赖关系，媒介依赖论认为大众传媒对社会的功能越重要，则媒介的影响力就越大。传媒对旅游发展具有多方面功能，不仅为旅游业的发展提供信息平台，监督和约束旅游业，同时，对旅游主体、旅游客体以及旅游介体也具有重大影响，从而证明旅游业对传媒的依赖性也越来越强。[①]

2. 影响力经济理论

喻国明认为，传媒是一种产业经济，其本质是“影响力经济”，传播过程则是传播影响力实现的途径。

传媒产品因自身的独特性，如载体特征、信息特征，使其与一般的物质性产品不同，为此便出现了一种全新的适应传媒经济活动的盈利模式：二次售卖。主要原理是一种产品，两个市场——产品市场与广告市场。传媒机构向受众传递信息产品，最主要的利益来自传媒机构把凝聚在自己版面或时间段上的受众，出售给广告商的第二次售卖，而不是第一次售卖，受众成为售卖中关键环节，一次售卖中，受众不仅支付了金钱，还支付更为稀缺的资源——时间。对信息的关注，使受众的这种注意力，被传媒作为一种资源，向广告商出售，该资源越缺少，该资源的价值则越高。

仅仅从目标受众那里获取有限的注意力还不够，需要的是受众持续不断的注意力，上述条件必备后，影响力才能形成。这一过程的实现，有两个必要条件：凝聚目标受众和使目标受众保持持续注意。两次售卖中，信息到受众那里能否对应以及多大程度地重合成为一个关键性的问题，受众是否既是传媒产品的消费者，又是传媒广告的消费者，使两者相重合，需要采取什么办法

---

① ［美］桑德拉·鲍尔－洛基奇：《大众传播媒介效果依赖模式》，新华出版社 1990 年版。

和措施，成为传媒经营的目标。对于旅游业而言，传媒真正价值在于能够持续地凝聚目标受众，从而成为为旅游者做出旅游决策、实施旅游活动的信息来源和掌握资讯的支撑点。

一 旅游扶贫传媒传播指数

（一）旅游扶贫传播及舆论生态

1. 网络媒体为主要发声渠道

从话题的传播上来看，新闻媒体为话题传播的主要载体，微信则是话题传播的主要新媒体渠道。而从媒体类型上来看地方媒体占据半壁江山，中央媒体也占据了其余的大多数。

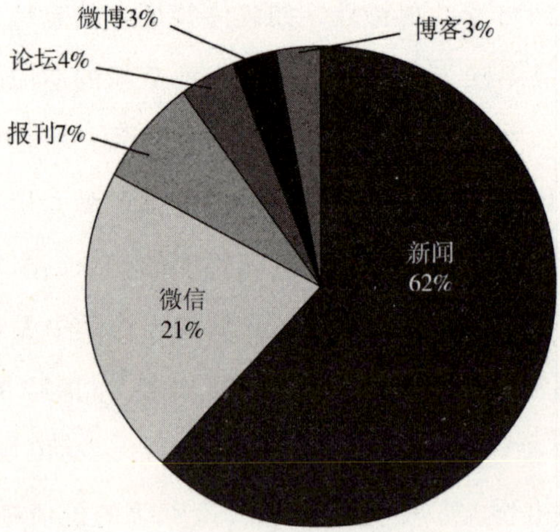

图1 传播渠道占比

中央媒体中，人民日报、新华社、中新社、光明日报、中央人民广播电台、中国经济网、中国青年网是占据传播总量靠前的媒体单位；而地方媒体中，南方网、广西日报、青海日报、江西日报、海南日报、四川新闻网等则排名靠前。不难看出旅游资源丰富而经济总量排名靠后的省份对于旅游扶贫的整体重视程度最高；而政府网站中，国家旅游局、各省人民政府及县级人民政府都有相应程度的报道，足见旅游扶贫作为国家宏观层面的政策，受到各地方的重视。

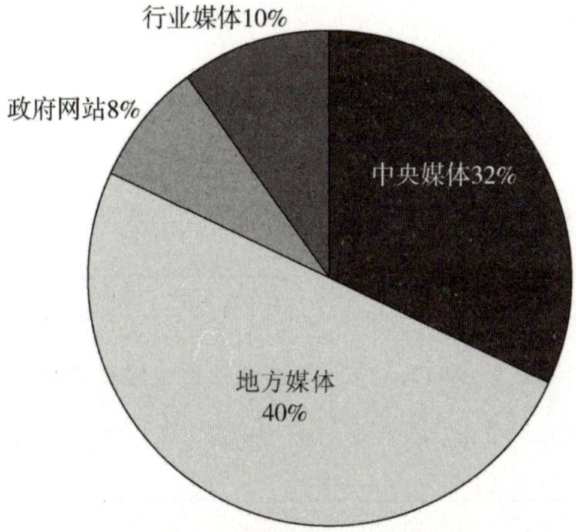

图2　传播媒体类别占比

而中国旅游报、中国绿色时报、金融界等行业媒体也分别结合“旅游”“扶贫”做一定话题量的传播。如中国旅游报一直以来持续关注旅游扶贫工作进展，经济日报《旅游扶贫是招发展好棋》提到了旅游扶贫于经济社会发展的重要性。

2. 旅游扶贫媒体关注度提升

以时间节点来看2012—2014年传播总量较低且较为平稳，而2015年开始传播量得到井喷式的增长并将这一势头维持到2016年。

“十二五”期间（不含2015年），全国通过发展旅游带动了10%以上贫困人口脱贫，旅游脱贫人数达1000万以上，而2015年初国家旅游局制定的515战略的提出，要全力推进乡村旅游和旅游扶贫、旅游致富工作。各省份响应号召，加大对旅游扶贫的重视及工作力度，将旅游扶贫作为扶贫攻坚的“突破口”。而分别在2014年底发布的《关于实施乡村旅游富民工程推进旅游扶贫工作的通知》、2015年发布的《关于打赢脱贫攻坚战的决定》更是将旅游扶贫作为行政指令加速推进。

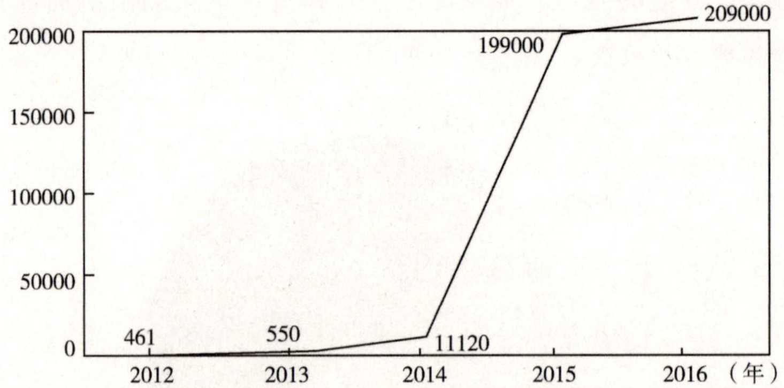

图 3　2012—2016 年旅游扶贫传播量趋势

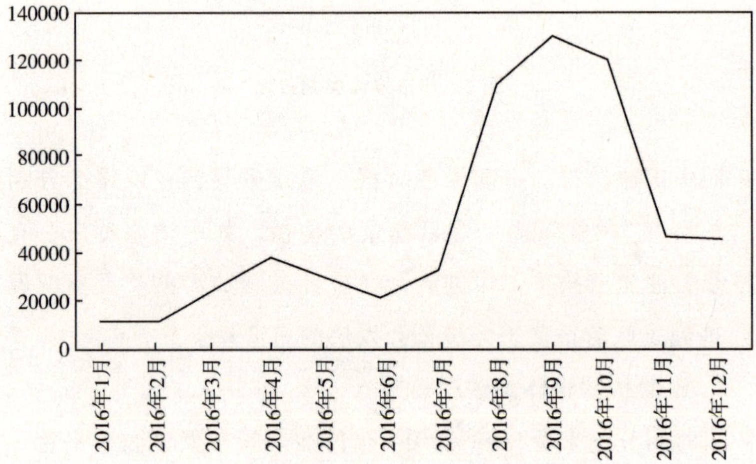

图 4　2016 年月度旅游扶贫传播量趋势

统计 2016 年旅游扶贫传播量发现全年整体呈上升趋势，而且在下半年 8、9、10 三个月份出现传播高峰，11、12 月增长率减少，平稳增长。

2016 年 8 月 11 日，国家旅游局会同发改、国土、环保、住建、交通、水利、农业、林业、扶贫办、国开行、农发行印发《乡村旅游扶贫工程行动方案》（以下简称“方案”）。方案提出，“十三五”期间，力争通过发展乡村旅游带动全国 25 个省（区、市）2.26 万个建档立卡贫困村 230 万贫困户 747 万贫困人口实现脱贫致富。《方案》的发布推进了各省市乡村旅游扶贫工作及促使其加大宣传力度。如地方媒体银川日报在 8 月中下旬发表 2 篇关于乡村旅游扶贫的报道——《旅游扶贫：留住乡愁拔掉穷根》与《宁夏 7 个项目入选全国旅游扶贫示范项目》。

3. 政治经济类话题占据主导

从传播内容来看，旅游扶贫作为政府主导的行为，涉及经济层面、政府动态、社会作用是旅游扶贫中传播量最广的内容。通过对旅游扶贫传播话题的整体梳理，经济层面的主要传播内容包括：招商引资、基础设施建设、优化投资环境、发展农业、兴办特色产业等，“扶贫”作为一种经济行为的内在属性也得到了客观的反映；而党建工作、政策贯彻落实、干部培养、村务管理、部门联动等作为政治传播内容，则切实反映了“旅游扶贫”的政治属性及基层主导作用；社会治安的完善，公益事业开展，对孤寡、贫穷等弱势群体的救助则体现了旅游扶贫的积极社会性质。涉及基础教育、培训及科技创新、技术推广的科技教育内容和医疗环保内容是旅游扶贫作为抓手对各相关行业的有益之处。

通过统计旅游扶贫词频，发现“全域旅游”“特色旅游”“生态旅游”“老区扶贫”等关键词被提及的次数最多。

在 2015 年，国家旅游局下发了《关于开展“国家全域旅游示范区”创建工作的通知》，同时李金早局长提出：“在 2000 多个县中，每年以 10% 的规模来创建。今年要推进 200 个县实现全域旅游，3 年 600 个县实现全域旅游。”由此，发展全域旅游成为旅游工作的重点之一。而当下进行的旅游扶贫工作正是在全域旅游的语境下开展的。赣州日报在报道《发展全域旅游，推进旅游扶贫》中提到国家旅游局局长李金早希望当地在发展全域旅游工作中发挥创新精神，突出特色，争取在全国乡村旅游中起到引领和示范作用。

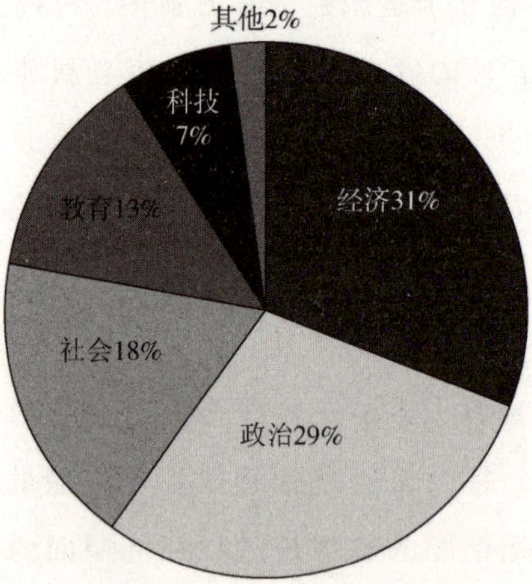

图 5　2016 年月度旅游扶贫传播量趋势

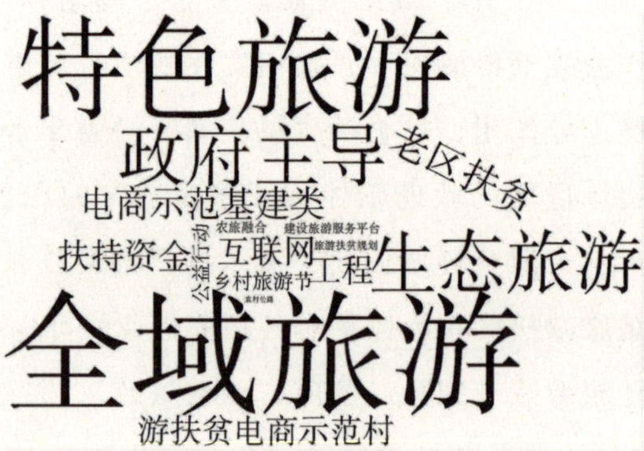

图 6　旅游扶贫词频

在旅游扶贫工作中，生态旅游发展、特色旅游发展助力旅游扶贫。许多媒体报道中提及发展生态旅游及特色旅游是旅游扶贫的方法之一。在河南日报农村版的报道《发展生态旅游助推精准扶贫》有写到“据不完全统计，该县生态旅游业的发展，先后带动近万名贫困户实现了直接或间接就业创业，走上了脱贫致富道路”。由此可见，生态旅游与特色旅游以自身的独特点吸引游客，从而达到扶贫当地的效果。旅游扶贫道路多样，而生态旅游正是其中强有力的助推方法。

老区扶贫工作涉及当地多领域，而旅游扶贫正是其中重要一点。新华社报道《乡村旅游扶贫成赣南老区脱贫攻坚“助推器”》就指出了旅游扶贫是老区扶贫的重要一环。

旅游扶贫工作与其他扶贫工作及旅游发展息息相关，并不能单独而论。而“特色旅游”“全域旅游”“生态旅游”“老区扶贫”等话题与其工作进展正是旅游扶贫的重要宣传点。

4. 正面报道成为扶贫最强音

从传播内容的正负面来看，在有关旅游扶贫的报道中正面、中性报道占绝对比重，而负面报道只占了 2.2%。

图 7 2016 年旅游扶贫正负面报道占比

通过对负面报道的梳理，发现媒体关注的负面信息集中在旅游管理方面，其中，“草原天路”是一个引起争议比较多的例子。新京报是第一家发出针对“草原天路”收费质疑声的媒体，随后其他媒体争相就旅游景区问题收费情况进行报道。

行者老湖的言论体现了百姓对于媒体报道及旅游管理也是十分关注。旅游达人行者老湖 V 在网络上发表言论：#草原天路收费 50 元#中国不同于国外，人口众多，从来没有听说过收费能够解决问题的，无论是缓解城市拥堵，还是控制游客数量。最后是收了很多钱，问题照样存在，唯一留下的恶果，就是全国各地乱收费，你收费，我也收费。如果我们每一个城市都在公路上随意收钱，估计最后的结果是没钱大家都是寸步难行。

而与此相关，网易《回声》栏目发表有关这一事件的文章《贫困县搞旅游经济，跟脱贫没有一毛钱关系》，认为“扶贫旅游经济中，贫困人口被隔离在外，地方政府制定政策和目标，低成本开发当地旅游项目，贫困县政府与承包商增收，已成为地方政府敛财新工具”。中国新闻网在报道《张北“草原天路”见闻：交通拥堵 配套设施不够》中指出，虽然该景区人气大幅回暖，但涉及的交通拥堵、环境治理等问题依然存在。北京娱乐信报也以“草原天路”为引子发表报道《“草原天路”存隐性强制消费》，报道通过数据指出旅游中普遍存在强制消费或隐性强制消费现象。这些事件均与旅游管理相关联。

由此可见，旅游扶贫作为国家重要政策受到媒体的多方关注，而且不仅仅是媒体，百姓们对旅游管理也是非常关注。并且在旅游扶贫推进过程中存在的基础设施不完善、景区管理存漏洞、利益分配不科学等诸多管理问题，也是媒体关注重点之一。各地职能部门在管理工作上依然需多加努力。

5. 各政府扶贫行动传播最广

在有关旅游扶贫的新闻报道中，不难发现在旅游扶贫的利益相关方中，与政府有关的报道量最多，其次是投资集团与旅游企业。银行与 NGO 所占少数比例，但其中提及最少的是社区民众。

以报道《去哪儿网在青海同仁开展旅游扶贫公益活动》为例，提及利益相关方为旅游企业，其报道侧重点是旅游企业在旅游扶贫方面的工作，比如捐建图书馆、考察贫困地等。企业的最终目的是盈利，而投资集团或旅游企业在旅游扶贫也是如此，其报道的目的是树立良好形象与打造口碑，并成为贫困地的

图 8　旅游扶贫主要利益相关方

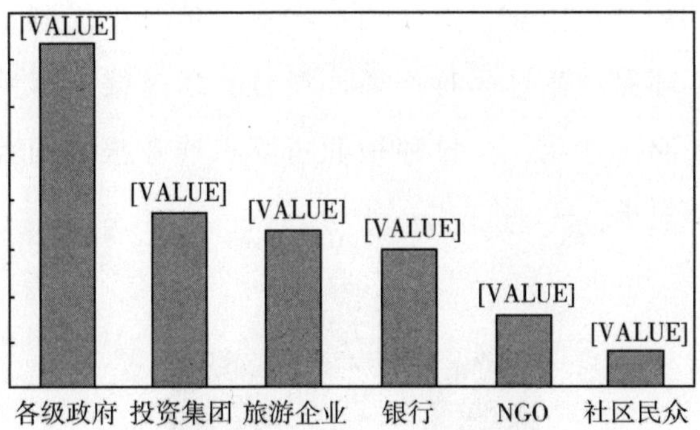

图 9　旅游扶贫主要利益相关方新闻报道量占比

"开发者"。

而占据最大比例的利益相关方——各级政府，在新闻报道中多以发布或解读政策、发布旅游扶贫效果情况的身份出现。旅游扶贫是以政府为主导的工作，对其新闻报道的目的是树立政府威信与支持旅游扶贫工作、指导工作有序进行。

在旅游扶贫的新闻报道中，也存在许多有关银行的报道。银行在这扮演投资者的角色，如报道《发挥金融力量精准扶贫 中信银行与国家旅游局签署旅游扶贫战略合作协议》，通过报道可看出银行是旅游扶贫资金链上重要一环。而且通过旅游扶贫投资也可增加银行的知名度、影响力与可信度。

同时也能发现，在相关新闻报道中，社区民众的报道量不多。社区民众作为整个扶贫工作中基层，理应也被重视。旅游扶贫的最终受益者也正是贫困地区的百姓与其他地区民众。

6. 房地产与互联网企业突出

旅游涉及生活的方方面面，旅游产业也是与其他产业互有关联。新闻报道《实施乡村旅游扶贫“八个一”工程 让乡村美起来》涉及景点建设等房地产产业、《“互联网 +”：为乡村旅游扶贫提供新工具》涉及旅游与网络结合的“互联网 +”产业。其实在这些与旅游扶贫相关的受惠产业报道中，多涉及房地产、互联网 + 产业、乡村种植业、文化创意产业、传统手工制造业、职业培训产业、环保产业等多种产业。而且，通过报道可发现有关房地产、互联网 + 产业、乡村种植业占受惠产业报道的大部分，环保产业占比较少。

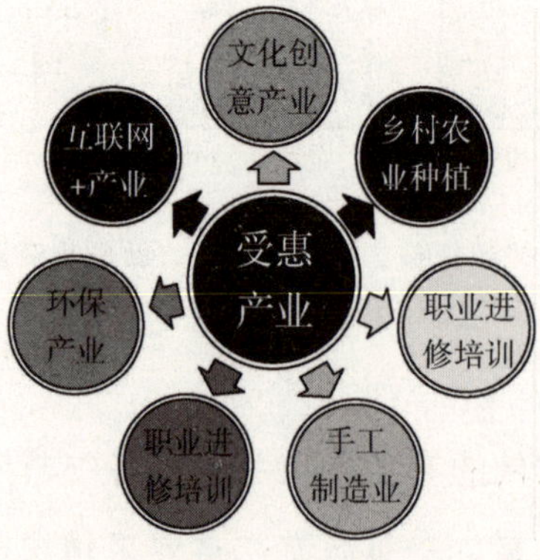

图 10 旅游扶贫主要受惠产业

通过对报道的梳理，发现在房地产与旅游扶贫的相关报道中，多涉及景点建设、旅游地居民房屋改造等工作。其中在房地产方面的宣传更多侧重在进行旅游点前期宣传时旅游景点的建设。

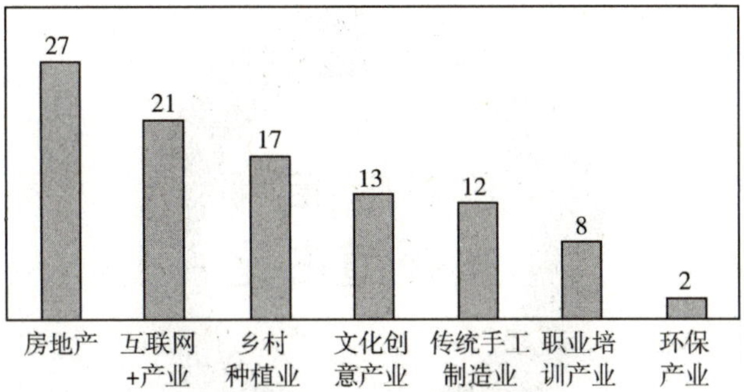

图 11　旅游扶贫主要受惠产业新闻报道量占比

而“互联网＋产业”的产业则是侧重宣传旅游扶贫的便利网络产品，而且许多旅游业界的人士也多次强调互联网与旅游扶贫相结合，如中国旅游产业创新战略联盟常务副主席兼秘书长胡书仁在“创新驱动 跨界融合”移动互联网时代旅游创新发展峰会发表演讲时，就有提到“乡村旅游不再是传统旅游业态，它需要把碎片化的需求和供给，通过现代技术，实现移动化、社会化组织”，强调了互联网对于乡村旅游扶贫工作的促进和改善作用。

在新闻报道中提及的乡村种植业宣传大多侧重于景区沿线的绿色风景和农家乐种植园，例如在新华网的《乡村旅游帮助中国农民脱贫致富》的这一报道中，有一段“为推进旅游扶贫，瑞金市在洁源村建立了集果蔬采摘、农事体验、生态观光于一体的生态产业园，发展起精品脐橙园、大棚果蔬、花卉苗木、葡萄采摘园等 1000 多亩。如今的洁源村已成为旅游新景点，许多游客慕名而来，让当地群众的腰包越来越鼓，日子过得有滋有味”。写出了种植业与旅游扶贫相辅相成的发展状态。

7. 报道角度以政府视角为主

将新闻报道视角分类，分为官方视角与民间视角。官方视角是指从官方角度策划撰写的扶贫报道，其内容多为扶贫政策、进度或成果；而民间视角是指从民间的角度策划撰写的扶贫报

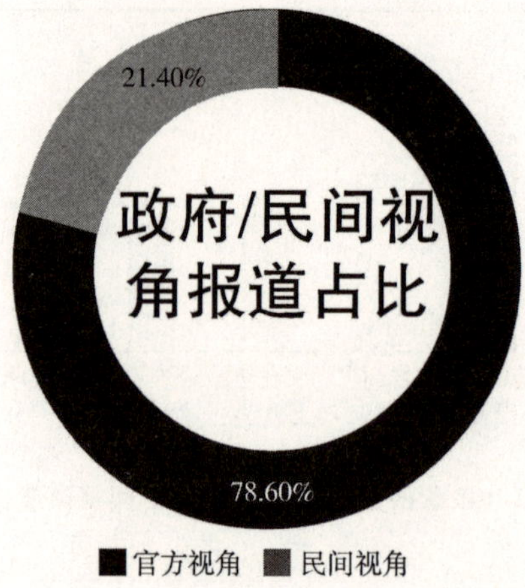

图 12 旅游扶贫政府及民间视角报道量对比

道，其内容多为扶贫受益者的具体生活描述、扶贫区的具体变化等。

两种视角的报道各有特色。通过官方视角的报道，可以直接了解有关旅游扶贫的最新政策与进度或发展方向，报道直接明了，如《山东：创新扶贫模式打赢扶贫攻坚战》，从中可直观了解到山东旅游扶贫的具体措施；而民间视角的报道则是以小见大，从具体案例出发报道，具有接近性，如新华社的报道《旅游扶贫“三联动”富了秦岭深山人》，从描写当地居民的生活变化来展现出旅游扶贫的效果，让人通过文字亲身领会变化。

两者相比较，官方视角的报道占了压倒性优势。可见当下扶贫新闻报道始终以政府宣传为主，从官方视角报道贫困地区和扶贫工作进展，缺乏百姓视角观照的扶贫新闻稿件。从新闻价值的角度分析，判断一篇新闻是否有价值取决于五个特性：即时新性、重要性、接近性、显著性和趣味性。任何一个事实，只要具备了时新性再加上其他任何一个特性，就有成为新闻的可能。一个事实所具备的这些素质越多，其新闻价值就越高，越能引起人们的兴趣。过于倚重官方视角的扶贫报道，突出的是时新性、重要性和显著性，但往往容易缺失接近性和趣味性，难以引起贫困地区人民情感上、心理上的共鸣，传播效果可想而知。因此，扶贫新闻报道以官方视角为主，配合党委政府的工作，这固然是合理的选择，但是还是要兼顾百姓的声音，适当增加民间视角的扶贫稿件比例。扶贫“扶”的是百姓的“贫”，如果恰恰少了他们的所思所想，这是新闻工作者没有深入基层，倾听百姓心声的表现。而这也是今后扶贫新闻报道需要努力改进的地方，除了深入贫困地区基层，反映贫困人民心声，还要善于发现扶贫工作中存在的问题，发挥舆论监督作用。

（二）媒体传播指数架构

基于前面关于“中国旅游扶贫发展指数构建方法”一章中有关“传播指数”的建构，我们以旅游扶贫发展指数（PPTDI）体系下的“传播指数”框架，并考虑互联网及新媒体对传播和营销的影响，对网络空间的受众互动做了测量，主要的指标包括：活跃度、传播力、互动力三项二级指标，具体架构如下：

表1　　MI媒体传播指数体系[注1]

指标名称	二级指标	指标衡量
MI媒体传播指数	MI1－2活跃度指标	官方网站活跃度
		网媒活跃度
		微博活跃度
		微信活跃度
	MI1－3传播力指标	重量级媒体转载指数
		媒体报道转发量
		微博阅读量
		微信阅读量
	MI1－4互动力指标	微博互动评论数
		微博得到的被动互动量
		微信推送文章得到的被动互动量

以上述指标体系框架为评估依据，综合考察活跃度、传播力和互动力三个指标，通过海量数据分析和复杂的数理模型计算，全面、立体、准确地反应旅游宣传部门在新媒体时代中宣传工作的开展状况。

（三）旅游扶贫媒体传播影响力排行榜

我们以“宣传活跃度”“宣传传播力”“宣传互动力”三个维度对省际和县域扶贫旅游目的地的媒体传播力进行评估。结果显示，湖北省以综合优势排名第一，江西省以宣传传播力优势排名第二，重庆省以宣传活跃度的优势排名第三。贵州省、四川省、陕西省、河北省、甘肃省、河南省、山西省列位四至十位。

表2　　旅游扶贫媒体传播影响力排行榜省际 TOP10

排名	省份	活跃度	传播力	互动力	媒体传播指数
1	湖北	77.85	78.49	85.01	80.45
2	江西	74.56	85.02	78.05	79.21
3	重庆	78.77	79.48	76.97	78.41
4	贵州	73.98	76.54	77.97	76.16
5	四川	80.03	69.19	76.05	75.09
6	陕西	79.08	75.46	66.19	73.58
7	河北	76.14	74.29	68.63	73.02
8	甘肃	85.03	69.18	60.50	71.57
9	河南	73.20	69.39	67.37	69.99
10	山西	64.93	62.27	76.71	67.97

整体看来，在活跃度方面，各省已经普遍把旅游宣传建设提高到发展战略的高度，通过加强宣传不断驱动旅游影响力提升。近年来，随着微博微信应用的普及，移动客户端已经成为大众获取信息的主要渠道，在旅游扶贫宣传中各省旅游局均开通了官方微博账号和微信公众号，面向广大旅游爱好者、旅游产业投资方、社会公益团体等，宣传区域特色旅游节日、代表性旅游目的

地、旅游行业发展现状以及政府扶植政策等。在传播力方面，权威媒体以及微博官方账号是各省推广旅游形象，特别是旅游扶贫的主要宣传渠道。在媒体传播中，大多数省市在旅游扶贫宣传中以地方媒体为第一发声通道，再借力权威媒体的转发进一步扩大信息宣传的受众面和信息影响力。在微博账号管理方面，各省旅游宣传工作也较为喜人，均开设独立的旅游推介类官方账号，且粉丝量均在百万级以上，日更率平均达到6篇（每天）。综合看来，各省在旅游扶贫宣传中着重抓宣传的力度和宣传的广度的工作，综合利用新媒体传播渠道，对辖区内旅游扶贫相关信息进行了及时且广泛的宣传推广。

相比较而言，省际扶贫旅宣传的互动力表现要略微逊色于活跃度和传播力表现，一方面这与互动力数据较难搜集有一定关系，但也表现出旅游扶贫宣传内容的感染力、影响力、吸引力有待提升的现实状态。宣传工作重量更应重质，只有深入人心、别出心裁、个性幽默的特色传播内容才能打动读者的心，为扶贫目的引客招商奠定良好的基础。

依照相同的测度方法，我们对全国数百个提出旅游扶贫的县城进行了评估。结果显示上饶县、神农架林区、武隆县、奉节县、壶关县、铜仁市、井冈山市、恩施市、荔波县、古蔺县列位县域旅游旅游扶贫的前十名。

表3　　旅游扶贫媒体传播影响力排行榜县域 TOP100

排名	贫困县	活跃度	传播力	互动力	媒体传播指数
1	上饶县	74.02	95.22	80.84	83.36
2	神农架林区	71.57	72.48	94.89	79.65
3	武隆县	82.60	69.23	86.95	79.60
4	奉节县	83.39	75.46	79.17	79.34
5	壶关县	74.72	66.87	93.00	78.20
6	铜仁市	75.04	69.44	85.06	76.52

续表

排名	贫困县	活跃度	传播力	互动力	媒体传播指数
7	井冈山市	69.52	77.16	81.63	76.10
8	恩施市	69.88	70.72	82.53	74.38
9	荔波县	82.05	53.72	84.84	73.54
10	古蔺县	78.53	52.92	87.69	73.05
11	康定县	87.78	53.25	77.65	72.89
12	易县	78.89	79.49	58.30	72.23
13	鄱阳县	73.85	76.04	65.03	71.64
14	赤水市	64.94	79.20	70.28	71.47
15	英山县	61.61	78.94	72.91	71.15
16	石柱自治县	76.89	66.85	67.90	70.54
17	临城县	78.97	62.99	69.65	70.54
18	巴东县	88.10	60.21	59.18	69.17
19	阿尔山市	73.16	67.48	65.77	68.80
20	水城县	70.58	69.69	63.67	67.98
21	金寨县	64.43	64.39	74.83	67.88
22	两当县	87.63	61.89	52.31	67.28
23	吉安县	69.25	52.36	79.33	66.98
24	涞水县	68.16	57.82	74.87	66.95
25	宕昌县	82.41	58.39	59.65	66.82
26	成县	100.00	51.03	48.35	66.46
27	新化县	52.26	74.46	69.10	65.27
28	黔江区	70.55	71.11	53.28	64.98
29	寿县	70.29	68.52	56.07	64.96
30	秀山自治县	66.48	73.30	53.84	64.54
31	固始县	74.20	39.56	79.26	64.34
32	芒市	71.15	66.18	53.18	63.51
33	嵩县	83.03	56.07	51.23	63.44
34	石城县	64.68	67.46	57.64	63.26
35	陇县	63.97	69.27	55.53	62.92
36	凤凰县	44.20	93.52	51.03	62.92
37	彭水自治县	68.07	71.03	47.41	62.17
38	蔚县	76.74	59.44	50.11	62.10

续表

排名	贫困县	活跃度	传播力	互动力	媒体传播指数
39	鄂伦春自治旗	68.32	55.84	61.39	61.85
40	留坝县	69.59	44.00	67.36	60.31
41	会泽县	70.36	58.08	51.03	59.82
42	湄潭县	67.72	65.20	45.11	59.34
43	南郑县	69.98	57.39	48.91	58.76
44	凌云县	59.25	56.74	59.78	58.59
45	礼县	83.95	45.83	45.11	58.30
46	旬邑县	67.87	57.50	49.51	58.29
47	金秀自治县	48.97	72.27	53.31	58.19
48	罗田县	54.37	66.32	53.03	57.90
49	麟游县	53.26	66.05	54.08	57.80
50	卓尼县	63.54	56.39	53.12	57.69
51	太白县	59.70	64.20	47.21	57.04
52	淮阳县	66.96	57.89	45.44	56.76
53	会昌县	63.18	45.96	60.38	56.51
54	周至县	70.91	55.08	43.22	56.41
55	靖西县	44.39	52.71	72.10	56.40
56	岳西县	59.04	67.98	42.14	56.39
57	丹江口市	64.42	57.77	46.91	56.37
58	宁强县	70.95	48.51	48.03	55.83
59	罗平县	66.53	46.43	53.28	55.42
60	云阳县	67.02	59.64	39.16	55.27
61	潜山县	71.10	56.19	38.38	55.23
62	麻城市	66.45	50.25	48.95	55.22
63	五峰县	58.57	58.77	48.09	55.14
64	上犹县	60.57	55.73	49.12	55.14
65	修水县	57.38	57.18	50.14	54.90
66	张北县	66.94	55.93	37.58	53.48
67	师宗县	79.87	20.89	58.64	53.13
68	延川县	61.72	53.35	43.87	52.98
69	庆城县	56.96	58.79	42.66	52.80
70	新县	50.86	61.82	45.26	52.65

续表

排名	贫困县	活跃度	传播力	互动力	媒体传播指数
71	夏河县	54.40	56.85	45.41	52.22
72	三江侗族自治县	37.91	58.83	59.78	52.17
73	酉阳自治县	50.86	64.02	40.81	51.90
74	岚皋县	59.24	53.31	42.43	51.66
75	汉滨区	58.91	53.56	41.59	51.36
76	香格里拉县	50.25	60.48	42.68	51.14
77	北川羌族自治县	62.86	39.85	50.30	51.01
78	凤山县	58.38	41.75	52.26	50.79
79	康县	52.11	59.15	40.38	50.55
80	鹤庆县	60.31	46.65	43.25	50.07
81	镇雄县	54.28	42.23	51.93	49.48
82	商南县	52.31	53.38	41.83	49.17
83	秭归县	63.82	41.99	41.55	49.12
84	镇坪县	52.37	51.41	42.80	48.86
85	和政县	49.15	54.95	41.75	48.62
86	石泉县	60.33	48.42	36.24	48.33
87	栾川县	46.64	53.97	43.54	48.05
88	宜川县	63.29	41.66	38.12	47.69
89	城关区	63.27	44.61	34.89	47.59
90	山阳县	52.04	50.99	39.20	47.41
91	通道侗族自治县	40.89	58.37	42.87	47.37
92	沐川县	50.63	49.72	40.46	46.94
93	巫溪县	38.63	56.75	44.66	46.68
94	淅川县	63.68	48.75	27.15	46.53
95	洛宁县	33.24	59.72	46.19	46.38
96	洋县	62.25	36.23	39.92	46.13
97	金川县	42.11	52.90	41.60	45.54
98	安图县	56.72	37.06	42.57	45.45
99	建始县	49.25	52.27	34.04	45.19
100	阜平县	29.87	66.61	38.47	44.99

综合看来，县域旅游扶贫宣传评估结果大多处于中等偏下的

分值段，在263个评估目标中，仅有15.2%的旅游扶贫县取得了60分以上的综合成绩。另外，除上饶县在传播力中得到了95分的高分外，其他各扶贫县，无论是其单项分值还是综合分值均无超过90分的高分值，可见各扶贫县在宣传自身旅游形象的工作中还有很大的提升空间。

通过对排行榜中排名靠前的贫困县宣传特性整理分析，可以发现表现优秀的区域一是较为重视利用中央媒体提升信息传播力；二是用心运维微博微信新媒体平台，加深与网民的互动交流。

1. 借力“双微”吸引潜在游客关注度

以武隆为例，在新媒体宣传平台中，武隆县拥有“武隆旅游”微博官方宣传账号以及“武隆旅游”微信官方认证公众号。其中，“武隆旅游”官方微博账号拥有近10万粉丝，总发帖量超过6000次，发帖频率基本保持每天3次。此外，在新浪微博平台中设有#武隆旅行#话题，该话题拥有112.5万阅读量，内容涵盖武隆美食、武隆美景、住宿环境、交通条件以及天气等多方面信息。另外，游客对武隆之行的满意度较高，不少网友对武隆的度假村建设、自然景观、文化演出等软硬实力给出了肯定。新浪网友“嘴helen”称赞“重庆武隆，天坑地缝，地质奇观实在让人赞叹！”网友“姚辰”评论说“度假区就好像一位妆容标准的空姐，城区就像小面店的老板娘，各有各的味道”。网友“四月有时候”评价《武隆印象》称，“好好看，是值得演出结束站起来鼓掌的那种”。

以井冈山为例，在新媒体宣传平台中，井冈山拥有“井冈山”微博官方宣传账号以及“井冈山旅游”微信官方认证公众号。其中，“井冈山”官方微博账号拥有近8万粉丝，总发帖量近2000次，发帖频率基本保持每天1次。“井冈山旅游”微信公众号的活跃粉丝超过20000人，文章的平均阅读量在2300左右，在同类微信公众号中表现突出。以该公众号3月14日发布的《井冈山杜鹃花节4月8日开幕，小伙伴们约起来吧!》为例，“井冈山旅游”公号在内容制作上大多采用“以图为主，文字为辅”的编排方式，迎合了当今信息快速传递、看客耐心有限的社会心理，有助于在短时间抓住粉丝的注目，并用最精简的信息将井冈山的美景美食好政策等信息推广传播。此外，从公号文章发布的时间节点看，运营者也较为细心，例如在3月14日白色情人节当天发布“杜鹃花节”消息，并在文章标题中凸显的“约”的信息，向读者暗示了“浪漫”的内涵，无疑为节日增添了一份情怀，同时有助于提升此次节日的市场竞争力。该文章阅读量将近15000次足以说明此类宣传文章的传播影响力十分可观。

2. 央级媒体聚焦贫困县脱贫攻坚路

以广西宁明县旅游扶贫宣传为例，2016年该县有关旅游扶贫的宣传新闻高达2451篇次，其中人民网、光明网、新华社、中新社等中央重点新闻网站首发及转发超过500篇次。2016年6月3日，光明网首发《广西宁明县大力打造乡村旅游示范区助力精准扶贫》一文，称宁明县以晋级广西特色旅游名县创建县为契机，将加快乡村旅游发展与“精准扶贫”工作紧密结合起来，在壮大乡村旅游产业规模和帮助农民增收致富等方面取得了可喜的成绩。该文章进一步介绍了宁明县在依托旅游产业实现脱贫致富方面的可借鉴经验，文章指出2016年，该县集中资金，统一对全县乡村旅游产业发展进行规划和布局。管理者结合各地山水、文化、历史、风情进行规划，注重突出骆越民族、中越边关、花山元素、东南亚风情等特色元素，开发具有地方特色、美味易记的美食，开发具有地方特色的旅游商品、游客体验（DIY）项目等，使各乡村旅游示范区（点）既有关联性、又有差异性、既有各自特色、又有相互补充，使旅游体验更加顺畅、更加舒心、更加回味。该文章随后被人民网、中新社、网易新闻等知名媒体转载，扩大了宁明县旅游扶贫成功经验的传播受众，不仅为该县旅游扶贫工作营造了良好的舆论环境，同时还体现了该县旅游管理者的社会责任情怀，为宁明县旅游形象的提升奠定了可持续发展的契机。

井冈山作为国内革命老区旅游的佼佼者，在传统媒体中，尤其借助央级纸媒或网络媒体，突出“红色旅游”主题，发力“旅游带脱贫”相关话题宣传。2016 年 3 月 2 日，中央电视台《朝闻天下》《新闻 30 分》《新闻直播间》《共同关注》等多个栏目对井冈山脱贫攻坚工作进行了报道。在“不让一个群众掉队”的脱贫攻坚路上，井冈山的经验做法引起了众多中央主流媒体广泛关注。2016 年 2 月 23 日，《人民日报》刊发《江西井冈山脱贫：细化“方子”找准“路子”》一文，从当地政府的视角出发，介绍了政府在发展旅游扶贫中，在乡村基础建设、贷款支持、建档立卡、职业培训等方面做出了惠及百姓、实实在在的帮扶工作以及经验。此外，中央人民广播电台、《新华每日电讯》《经济日报》、人民网、新华网等也都刊发了相关报道。

（四）扶贫县旅游形象塑造现状分析

旅游扶贫概念提出以来，各个贫困地区红红火火地开展起来。在短短的几十年中，旅游扶贫成效显著，一方面使得许多贫困地区的人们实现了脱贫致富，另一方面也使得许多位于贫困地区内的高品位风景区陆续被发现，成为闻名遐迩的旅游胜地。但与此同时，我们应该认识到旅游扶贫开发还有着许多不尽人意的地方，旅游扶贫工作存在着一系列问题。从传播角度看，旅游扶贫宣传中依旧存在许多不科学、不合理的工作方式，制约着旅游扶贫宣传能起到的实际市场吸引力。

1. 政府是旅游扶贫目的地形象塑造的绝对主体

长期以来我国一直实行的是“政府”主导的旅游形象建设模

式，充足的资金保障以及政府的权威性促使这种模式在推动各县省市、县域、旅游目的地的形象塑造方面起了巨大的推动作用。《中华人民共和国旅游法》第二十五条规定："国家制定并实施旅游形象推广战略。国务院旅游主管部门统筹组织国家旅游形象的境外推广工作，建立旅游形象推广机构和网络，开展旅游国际合作与交流。县级以上地方人民政府统筹组织本地的旅游形象推广工作。"政府具有高度的宏观调控能力，能够迅速全面有效的协调社会各类资源用于形象建设，这是任何团体和企业所不可比拟的。近年来，各省在旅游扶贫目的地形象塑造上也取得了一些可喜的成绩，例如2011年江西旅游局在推出"江西风景独好"品牌形象后，得到社会各界的广泛认同和好评，系列宣传展现了江西旅游优势、塑造江西旅游品牌、提升江西旅游形象，使其品牌的知名度和名誉度不断上升，在第二届中国文化旅游品牌建设与发展峰会上，"江西风景独好"获评"影响世界的中国文化旅游口号"。可以说"江西风景独好"宣传的成功是在充分发挥政府主导的作用，在深入挖掘地域文化品牌价值，打造了一个展现地方核心特色的旅游形象。

然而在成功案例的背后，我们不能忽视掉这种模式所带来的局限与弊端。从一方面来说，"政府"主导的形象塑造受政府本身能力的限制，如经济能力、市场掌控能力、对自身特色或是竞争力的识别能力等，某方面的欠缺往往会造成形象在定位上出现模糊不清、方向错误等问题，尤其是经济落后而又急于塑造形象来促进旅游业发展的贫困县地区，自身资源特色不明显而又爱盲目跟风，容易出现千篇一律、毫无明显特征的现象。在数据整理的过程中，我们发现绝大多数旅游扶贫县在品牌logo的设计中，使用将县名称拼音（或首字母）彩色化的设计方法，视觉上的区别效果甚微；此外，在宣传口号的设定时，魅力＊＊、美丽＊＊、大美＊＊等出现频率较高，大多没有将地方的特色和文化体现出来。另一方面，大多数情况下政府在形象塑造过程中，主体地位过重而导致旅游形象受众——旅游者地位的下降，过多地从制定者角度看待问题，由此所形成的旅游形象往往不被旅游者所认可，造成“官方形象”形同虚设，并未起到应有的吸引作用。旅游者作为旅游形象宣传的主要目标受众，是形象宣传与推广的主要对象。对于旅游目的地形象的认知本身就是一个偏主观的认识，两者地位的失衡，必然造成形象宣传结果“不接地气儿”。因此，政府需要全面考虑宣传利弊，适时转变宣传策略，站在旅游者的立场去看待旅游目的地宣传工作。

2. 旅游扶贫县形象塑造存在宣传内容“同质化”

旅游宣传突出地方特色，才能具有吸引力、竞争力。旅游扶贫的宣传更应如此。但目前，旅游扶贫目的地在宣传内容方面少有凸显自身特色，存在相近地区的宣传点相似、多地的宣传角度相同等现象。许多旅游扶贫目的地都打出了“自然”“山水”“风光”等旅游形象定位词，这样如出一辙的词语很难吸引游客的注意力，难以给游客留下突出印象，更不用说让贫困地区在旅游市场竞争激烈的今天脱颖而出。重庆市的石柱土家族自治县与彭水苗族土家族自治县，两地相邻，在地理环境、自然资源、民族成分等方面资源相似，而且还都曾获得与民间艺术相关的荣誉。所以两地在旅游宣传上存在许多相同点，难分伯仲。基于这一情况，两地可深入寻找各自特点，如各自的历史资源、文献典籍等，或者一同进行宣传将旅游业捆绑发展。

在微博、微信上的宣传，存在双微内容相同的现象。在旅游扶贫宣传中，各地都认识到利用双微平台进行宣传的重要性，但是双微平台还是存在各自的不同点。微博平台中多见短消息，微博依然保留正常发博字数为 140 字的限制，而且微博信息的传播则大多属于单向传播，所以简短、及时性、具有趣味性的信息可利用微博平台发表进行宣传，让受众留有印象；另一方面，微信是熟人社交的平台，多为双向传播，受众可对好友发表或转发的内容进行深入阅读，这表明，在微信公众号上的宣传则需更注重内容的质量。

可现下大多旅游扶贫目的地还尚未意识到二者区别，造成宣传内容相同的现象，没有起到有效的宣传效果。不仅双微平台存在内容相同的情况，有些地区在其所有宣传渠道方面都存在这一问题。比如，罗平县微博与微信在罗平县举办“随手拍中国最美油菜花海”时都发表了同样的内容，没有区分点。而且罗平县在其他时间段的微博管理大多是转发当地微信公众号或传统媒体发表过的内容，内容相同，缺乏创新性，难以使受众了解到罗平县旅游的更多信息。

3. 多元型社会化媒体的宣传利用率有待提高

美国学者安东尼梅菲尔德将社会化媒体定义为一种给予用户极大参与空间的新型在线媒体，该类媒体具有参与、公开、交流、对话、社区化、联通性的特点。Kevin Glasier（2008）从对话的角度对社会化媒体的概念进行了概括：社会化媒体是一种通过人类语言进行的有机的、复杂的、在线的对话，这种对话由社交网络、网络书签、博客、微博、视频分享、照片分享、留言板、维基、虚拟现实、社交游戏等驱动。

通过对旅游扶贫目的地宣传现状分析，发现目前旅游扶贫宣传渠道存在局限性。多种渠道宣传是旅游扶贫的一大重点，但是旅游扶贫的宣传依然集中于双微平台与当地报纸报道，宣传渠道较窄。目前旅游扶贫的宣传在社会化媒体方面进行的力度远远不够。如知乎、百度知道、天涯等都属于社会化媒体，然而有些旅游扶贫目的地在问答类网站和论坛上难寻踪影。比如在知乎上搜索旅游扶贫目的地重庆市的彭水苗族土家族自治县，没有与之相关的话题，而出现同样情况的县域存在很多。反之搜索非旅游扶贫目的地的热门旅游地，出现不少相关话题。目前，社会化媒体已经在全球范围内广泛渗透到网民生活中，并伴有巨大的现实影响力。对于旅游业而言，旅游社交网站的蓬勃发展，旅游者旅途过程中使用社会化媒体已成为普遍现象。社会化媒体在旅游生活中越来越重要，重视且加大这一方面的宣传力度对旅游扶贫的发展有着很大的推进力。

又如在电视宣传方面，大多数旅游扶贫目的地忽略了此种宣传方式，而电视节目又是最容易被百姓关注的传播平台之一。山西卫视推出节目《人说山西好风光》，成为国内第一档旅游竞演节目，既打造了创新节目，又能起到宣传山西旅游的效果，同时也带动了山西省内旅游扶贫目的地的旅游业发展。类似此种诙谐幽默又饱富感情的宣传节目，契合了“娱乐至上”的社会心理，其较为生动活泼的展现形式也易于被观众接受。

三　扶贫县旅游形象增值

根据大数据分析，可以看出扶贫县在发展其区域旅游业的过程中，在媒体尤其是社会化媒体传播中普遍存在浮于形式、为了宣传而宣传的问题。在旅游产业市场化继续加深，各类别旅游旅游目的地竞争激烈的当下，贫困县若想在与发达地区及以旅游业为传统强项的地区的竞争中不被淘汰，就需要从理念上加强对专业人才的培养、从工作方法上重视对自身旅游特色的深入探究，并科学利用传播方式、勇于开拓新的媒体资源和传播渠道，走出一条高效高回报的旅游扶贫宣传道路。

（一）重视人才的培养

虽然传媒在旅游扶贫目的地形象传播过程中的作用是重要的，但是在这个过程中具有决定作用的主要是参与管理和建设的人才的发挥。一个好的形象设计、一个好的形象口号等都是需要高素质人才的。因此，扶贫县在发展旅游经济时，要加强对专业人才的培养，尤其是既懂得旅游营销，又有传媒专业技能的混合型人才。只有这样，才能真正地利用好传媒，将旅游扶贫县的形象更好地传播出去。

（二）了解传媒特点，选择恰当的传播方式

旅游市场的运作离不开与媒体的互动，任何形象的推广与知名度的提高，都无法绕过传媒的力量。在这种情况下，旅游目的地在进行形象宣传时，媒体选择就显得非常重要，建议结合宣传内容、传播标的，以及时间节点，选择合适的媒体进行深度推广。

（三）因地制宜，开拓创新

充分了解各类媒体的优缺点，发挥媒体优势对自身形象宣传推广。要善于挖掘地方特色，形成鲜明的地方形象，同时善于借鉴成功经验，形成“以传媒促进旅游”的创新发展道路。在制定营销策略时，对内要善于利用各种优势人才，形成错位发展、整合发展的新格局；对外要善于借助传媒等外力，策划推广旅游形象，全方位打造旅游品牌。

（四）凝练宣传主题，树立总体形象

在利用传媒对扶贫旅游目的地形象传播中，主题是至关重要的。形象主题一般应具备两个特征：一是地方特征。任何旅游目的地都具有其自身独特的地方特性，通过对地方文脉的研究，精炼地概括出自身的特征。第二，相对稳定性，即对于凝练出的主题，要长期使用，要深刻和全面地阐释其内涵。

（五）科学利用媒体资源，进行深度推广

在塑造贫困县旅游目的地形象时，应充分合理利用媒体资源，进行深度推广。深度推广的媒体有国际媒体、国内媒体、自

媒体等。对国际媒体的投放，就是在目标市场上每隔一段时间进行持续推广。对国内媒体的选择上，既要重视中央媒体也要重视地方媒体，充分利用他们各自的优势进行推广。在自媒体平台上的推广要讲究技巧，利用短小精炼的图文内容快速展现自身独有特点并吸引潜在游客的注意。在媒体类型的选择上，影视、网络、报纸、杂志、户外广告宜综合利用。

注 1：指数体系说明

该评估体系依据人民网旅游大数据中心数据支持，以区县级旅游局及 5A 景区微博微信认证用户为基础，综合考察活跃度、传播力和互动力 3 个指标，其中：

i. 活跃度指标

（1）微博发博指数

发博总数：该旅游宣传微博用户当月所发微博数。

原创发博数：该旅游宣传微博用户当月所发原创微博数。

（2）微信推送指数

推送次数：该旅游宣传微信用户当日所推送微信次数。

推送文章数：该旅游宣传微信用户当日所推送文章篇数。

ii. 传播力指标

（1）微博阅读数：旅游宣传微博用户 2016 年所发微博阅读数增量的总和。

（2）微信阅读数：旅游宣传微信用户 2016 年所推文章阅读数增量的总和。

iii. 互动力指标

（1）微博主动评论数：2016 年该旅游宣传微博用户主动回复评论的数量。

（包括在该旅游宣传微博用户所发微博及其他用户所发微博中的所有评论）

（2）政务微博得到的被动互动量

微博被转发：微博用户最近30天所发全部微博在当日发生的被转发数，排除垃圾用户，同一个账号对同一个用户进行多次转发，一天只计一次。

微博被评论：微博用户最近30天所发全部微博在当日发生的被评论数，排除垃圾用户，同一个账号对同一个用户进行多次评论，一天只计一次。

微博被赞：微博用户最近30天所发全部微博在当日发生的被赞数，排除垃圾用户，同一个账号对同一个用户进行多次点赞，一天只计一次。

（3）旅游宣传微博的主动互动量：

公开回应数：当日该旅游宣传微博用户主动回复用户并转发出的微博数量。

（4）政务微信推送文章得到的被动互动量

被赞量：旅游宣传微信用户当日所推送文章截止次日12时发生的被赞数。

从网络舆论视角看旅游扶贫开发

中国社会科学院舆情调查实验室

一　旅游扶贫常见的舆情话题

近年来，扶贫开发已经从粗放式扶贫进入到精准扶贫的新阶段。而随着人们生活水平的提高，旅游已经成为大众日常生活的组成部分。在这一背景下，不少地方立足自身的资源，通过大力发展旅游业来推进扶贫开发工作，成为精准扶贫的重要举措之一。

值得注意的是，与整体经济社会转型相应，我国的旅游业也处于转型升级阶段。在网络舆论场中，一些常见的旅游舆情话题，在旅游扶贫当中更加凸显。

（一）旅游规划类

这是旅游舆情最为常见的案例之一，也是旅游扶贫更加需要注意的问题。一般来说，旅游业是典型的两型、低碳、绿色产业，然而，在 GDP 主导下，不少地方旅游业的开发都具有鲜明的功利色彩，过于注重旅游业的经济属性，而忽视其社会属性。对于贫困落后地区，旅游业开发的功利性往往更加突出，肩负着脱贫致富的使命。因此，在旅游扶贫中，旅游业开发与生态保护的矛盾可能更加尖锐。

今年1月18日，针对时下流行的特色小镇建设，住房城乡建设部总经济师赵晖明确表示，要加强舆论引导，推广正面的建设经验，坚决避免打着特色小镇名义搞圈地开发。而对于扶贫开发来说，如何正确把握旅游开发之度，协调好资源开发、经济发展、环境保护和脱贫致富的关系，是旅游扶贫必须面对的重大问题之一。

（二）反腐治理类

扶贫开发中的廉洁自律问题，是一个常说常新的老问题。今年3月9日，中央纪委监察部网站通报的68起侵害群众利益的不正之风和腐败问题中，有8起涉及扶贫领域的贪污腐败问题，如“贪占扶贫物资”“骗取扶贫资金”“违规办理精准扶贫贷款”“精准扶贫识别优亲厚友”“倒卖扶贫物品获利”等。

旅游扶贫产业链较长，涉及人员较多，人力物力的动员、资金使用、收益分配等多个环节，都容易引发舆论关注，甚至形成舆情风波。从纪律和法律上保证旅游扶贫的廉洁和公正，确保项目安排精准、资金使用精准等，才能真正发挥旅游扶贫的正向作用，在舆论场也可以为扶贫开发工作营造良好的舆论环境。

（三）景区管理类

近年来，随着自媒体的发展，旅游乱象成为网民关注的重要话题。通过各地景区管理漏洞的曝光和吐槽，网民已成为旅游业发展的重要推动力量之一。2016年12月5日，国家旅游局召开新闻发布会通报称，截至目前，共有367家4A级及以下景区受到摘牌、降级、严重警告、警告、通报批评等不同程度处理，107家景区被摘牌，其中包括55家4A级景区。根据国家旅游局的通报，被处理景区存在的问题涉及管理、服务等多个方面，主要包括：安全管理不到位、厕所环境卫生条件不合格、市场秩序混乱、旅游基础及服务设施不足、标识导览系统短缺、资源保护措施不到位等。

从广大消费者的体验来看，重管理轻服务、重经济收益轻社会回报的问题也十分突出。在这批被摘牌或警告的景区中，就有不少处于中西部等经济欠发达地区，贵州铜仁九龙洞、四川泸州古蔺太平古镇、江西上饶三清山田园牧歌等更处于旅游扶贫的定点帮扶对象之中。

（四）社会生态类

随着旅游消费的日益大众化，旅游名片的功能也越来越凸显。在舆论层面，旅游话题也超出了旅游本身，当地的治安环境、基本公共服务保障水平、风俗人情等，也成为网民津津乐道的衍生话题。早在天价虾、天价鱼事件之前，重庆武隆就有 128 元/斤的仙女山乌江鱼宰客事件；2016 年 10 月，游客在湖南张家界遭遇强制消费也再度引发舆论热议。

据人民网旅游 3·15 投诉平台数据显示，在游客投诉的十大类原因中，欺骗消费者、购物受骗、强制消费等排在前列。舆论对于此类问题的反思，已经不限于旅游领域个案的不文明、不规范，深入到整个社会精神文明素质的欠缺上。在旅游扶贫开发中，也要正确处理好手段和目的的关系，处理好旅游开发与整个社会生态协调发展的关系。

总体上看，旅游扶贫舆情虽然具有不同的类别，但这些类别的一个共同点都可以说与权益和利益有关。从纵向利益关系看，长远利益与眼前利益的矛盾是旅游扶贫舆情事件中最为常见的矛盾之一。从横向利益关系看，外来资本与当地人的矛盾，帮扶主体与帮扶对象之间的矛盾，消费者（外来游客）与服务员（当地工作人员）的矛盾，当地政府、社会组织（企业）、被帮扶群众的利益矛盾，等等，都是十分典型的矛盾类别。

二 旅游扶贫的网络舆情诉求主体分析

人人都有麦克风是互联网时代的一个突出特点，每个人都可以就自己身边的事发表评论、进行吐槽、表明态度。从这个意义上说，每个人都是网络舆情事件的潜在诉求主体。人们通过互联网对公共话题进行沟通和交流，并形成了一个基于权利意识提升的强大力量。

旅游扶贫作为一个公共话题，一方面，直接涉及公民的基本出行与消费权利，另一方面，因为扶贫具有“政治性公共事务”的特征，从而引发网民广泛关注。

（一）旅游扶贫的网络舆情诉求主体呈现出多元化的特征

在经济社会持续发展和利益格局不断分化的背景下，整个舆论对某一话题的看法也逐步呈现出多元化的态势，不少网络舆情热门话题比如延迟退休、养老金并轨、医疗体制改革等都反映了这一特点，旅游扶贫的话题也不例外。以湖南凤凰古城为例，2013 年曾在一片质疑声中实行景区一票制收费政策，游客只要踏入凤凰古城，就要购买 148 元门票。然而，这一政策却于 2016 年 4 月被调整为“不再需要买门票了，但是进入古城内的小景点，仍需要购票”。据《每日经济新闻》报道，这一调整的背后，除了民众呼声外，还由于凤凰古城旅游整体经营主体无法就利益分配达成一致。

从该事件的网络舆情反应来看，广大普通网民（大约是游客或者潜在游客）可以说是该事件中声音最为强大的一个群体。他们对价格提升非常敏感，往往在很短时间内就能够完成情绪的汇聚，对政策制定方形成强大的压力。由于政策不可避免地触及当地商户的利益，当地商户也是重要的诉求主体之一。

此外，不少专家和学者也介入了该话题的讨论，并从各自专业的角度给出了判断，成为网络舆论场的重要组成部分。如果旅游工程又涉及扶贫开发，那么，涉及的利益关系势必更加复杂，相关利益主体都将成为网络舆情诉求的主体。由于利益关系的复杂性，舆情诉求主体的表达也将呈现出较为复杂的局面。

理想状态下，旅游扶贫的网络诉求主体大体上包括以下几个类别：

一是以游客（或潜在游客）为主的普通网民。这部分网民的旅游体验和吐槽等，直接成为舆论的重要内容，诉求方式也多具有感性和主观色彩。

二是较为超脱的行业类专家学者。相较于普通游客的感性，专家和学者的诉求，理性的特点较为凸显。这与专家学者相对超脱的地位有关。

三是当地与扶贫政策相关的利益群体。需要指出的是，既然名曰“扶贫”，旅游也好，产业也罢，都具有帮扶性质；但精准扶贫又意味着对帮扶对象的精准划分，而划分标准又影响着收益的分配。这些都是诱发舆情的重要因素。

（二）权利意识的提高是多个舆情诉求主体的共同特点

旅游扶贫的网络舆情诉求主体呈现出多元化，并不否认各个诉求主体的共性特征。

首先，权利是旅游扶贫的网络舆情诉求主体最鲜明的特点。对于旅游扶贫话题来说，无论是对景区的吐槽，还是对扶贫开发政策的抱怨和不满，或者是对旅游规划建言献策，尽管各方所处的位置各不相同，诉求对象也有很大差异，但都有着自发的或者自觉的权利意识则是毋庸置疑的。权利意识的觉醒与增强，是网民诉求活跃的最基本推动力。

近些年，旅游话题频频成为网络舆论场的重要话题之一，重要原因之一就是整个社会权利意识的增强。网民早已不在仅仅关注吃饱穿暖，更高生活质量、更优质服务、更有尊严的生活，早已成为不少网民的“标配”。对公共事务参与热情的高涨，也使得扶贫开发这种公共事业成为网民谈论的对象。

其次，获得感是网民权利意识的最为核心的体现。网民权利意识的提高，表现在方方面面，但最核心的则是获得感的满足。这一特点，对于旅游扶贫话题来说，尤其突出。从舆情诉求主体来看，无论是游客，还是当地利益相关群体，其参与公共讨论的基本动力就在于获得感的满足。换言之，只要自己的利益能够得到公平公正的保障，相关舆情事件就比较容易处置。纪检部门对旅游扶贫开发中贪腐问题的查处、职能部门对景区的有效治理举措等，都得到了正向的网民回应，就是获得感在发挥作用。当然，需要指出的是，旅游扶贫作为一项治理政策，同样具有政治性，在一定条件下也可能诱发政治性公共话题的讨论。

最后，权利诉求既是多元的，又是分层的。网络社会是现实社会的延伸，利益多元的现实直接决定了网络社会诉求的多元。对于这一点，可以说已经毫无疑问。诉求分层，则与网民自身的自身境遇、媒介素养以及对权利意识的自觉程度等因素密切相关。

大体上，我们可以把网民的权利诉求分为五个层次：一是发泄诉求，主要表现为对恶性事件的简单吐槽；二是情感诉求，除了吐槽外，还对诉求对象的回应有期待；三是利益诉求，核心是赤裸裸的利益，对于当地利益相关者来说，这一诉求较为突出；四是政治诉求，即希望分享权力、参与制定规则的诉求，是网民诉求的最高层次。

（三）舆情诉求主体是推进旅游开发扶贫的重要因子

当前，互联网已深入到千家万户，成为人们日常生活的一部分。同时，互联网也深刻地改变了人们的公共生活，让每个人的聪明才智得以尽情迸发，成为公共治理的重要媒介和平台。从旅游扶贫舆情事件来看，相关舆情诉求主体的角色并不是单一的吐槽者，还兼具建设者，是旅游开发扶贫的重要一分子。

旅游扶贫舆情诉求主体成为旅游扶贫类舆情的主要塑造者和制作者，是扶贫政策的直接检验者。扶贫政策重在效果，而检验效果，莫过于扶贫政策的直接受惠者。随着网络舆论逐步从边缘步入中心，网民力量持续壮大，互联网已经成为政策反馈的重要渠道和平台。对于政策制定来说，只要打开互联网，只要基本最基本的舆情素养，就可以通过倾听民意和民声来捕捉政策的漏洞和不足。从这个意义上说，旅游扶贫类舆情诉求主体，扮演了扶贫政策检验者的角色，对于政策调试并最终达成目标，发挥着重要作用。

除了直接检验者，舆情诉求主体还是旅游扶贫开发的参与者。一方面，广大舆情诉求主体，直接为扶贫开发贡献智力资源。随着网络舆论新常态的到来，衡量网民力量大小的标志也不再局限于声音的大小，自信、包容、建设等将成为网民力量壮大的新元素，使网民作为一个群体整体参与到中国社会的深刻变革与利益格局的深度博弈中。另一方面，舆情诉求主体还直接参与线下行动，成为社会治理的重要主体。近年来，在抗灾抢险、社会救助、公民道德建设、社会组织培育等方面，网络的社会动员和社会整合能力都有着不俗的表现。旅游扶贫作为一项社会治理政策，同样为广大网民线下实践提供了广阔的舞台和空间。

三　识别舆情诉求对象，推进旅游扶贫治理

国务院扶贫领导小组把乡村旅游扶贫作为精准扶贫十大工程之一。推进精准扶贫，不仅需要扶贫对象的自发参与，还需要市场主体等外部力量推动，更需要政府有所作为。通过舆情诉求对象，我们可以有效地识别旅游扶贫问题的责任方，从而为推动旅

游扶贫治理创造前提和基础。

（一）旅游扶贫中的问题与原因分析

湖南张家界本是旅游大市，张家界旅游的品牌在全国范围都具有一定影响力。同时，张家界又有贫困县和建档立卡贫困人口，全市4个区县均在武陵山连片特困地区，均是省级和国家级贫困县。如何在这种旅游产业比较成熟的地区实施旅游扶贫，张家界市的做法是通过乡村特色产业，打造乡村旅游的核心竞争力；2016年，贵州铜仁市深度推动农旅融合和乡村旅游发展，2个项目入选全国旅游扶贫示范项目；此外，从媒体报道来看，陕西富平县、江西上饶县、四川巴中南江县、重庆武隆县、安徽舒城县等地旅游扶贫攻坚也吸引了不少舆论聚焦。

旅游扶贫在全国多地稳步推进的同时，也暴露出一些发展中的问题，目前发展面临多重掣肘因素，主要体现在：一是基础设施建设投入大，发展旅游成本高。第二，旅游产品同质化、区域旅游产业同构化现象严重。第三，旅游扶贫“各自为政”缺乏系统规划，部分地区未能真正“惠民”。这些发展中暴露出的问题，不时吸引媒体关注，甚至上升为旅游扶贫的网络舆情事件。

以上旅游扶贫发展中产生的问题，归结原因大致可分为4大类：

第一，政府对旅游扶贫认知错误，把旅游扶贫等同于旅游开发，在开发旅游业时没有合理引导贫困人口参与，只重视经济总量的增长而忽略了贫困人口的受益，旅游扶贫的精准度不高是制约其成效的根源所在。

第二，贫困人口内部的贫富不均。一些极端贫困的群体受限于资金、信息、自身素质等因素，旅游参与能力和意识均弱，被排除在了乡村旅游开发的受益群体之外。

第三，外来投资者无论是资金规模、专业素质、经营理念、经验等方面都要比当地居民具有优势，很容易垄断当地的旅游服务市场。如在桂林龙胜龙脊景区外来投资者资金雄厚，几乎垄断了旅游团队市场。

第四，旅游发展使当地人之间有了竞争，当利益矛盾加深，原本淳朴的社区关系就会紧张，甚至最后会演变成恶性竞争。

（二）精准“问责”推进旅游扶贫治理

分析旅游扶贫网络舆情现象不难发现，在舆论所关注的旅游扶贫舆情事件中，政府、景区、运营主体、当地公众等成为舆情诉求的主要对象。从旅游扶贫项目的政府角色定位，到部分景区管理、监督不力，再到一些市场主体景区运营混乱，再到当地公众参与感等等，舆论对以上旅游扶贫网络舆情诉求对象的充满期待。

首先，旅游精准扶贫要以政府主导。旅游业发展，基础设施建设先行。这些使当地居民受益，如社区建设、道路系统、通信设施建设等。其次，旅游业作为现代服务业，使参与其中的当地人从自由散漫的农业生产者变成了需要遵守行业规范和职业道德的服务人员。并且就业问题的解决减少了社会闲散人员和外出务工人员，促进了社会的稳定。政府为了保护旅游活动的顺利开展，必然会出台一系列的法规制度并且大力宣传，这又有益于贫困地区法制意识的普及。而这些全方位综合性的改变，是其他扶贫方式和财政资金所无法做到的。

其次，外部力量开展旅游扶贫的重要抓手。贫困地区发展旅游业、贫困人口参与旅游往往会面临诸多障碍和困难，因此旅游扶贫需要借助外部援助性力量的扶持。“扶”是旅游扶贫的手段，是改善贫困地区旅游扶贫条件和提高贫困人口旅游参与能力的重要外部推动力量。企业和非政府组织是旅游扶贫的重要参与者。要积极发挥企业在旅游扶贫中的市场运作作用和非政府组织在资金、技术、教育培训、监督等方面的作用。

最后，公众参与是旅游扶贫的重要保证。贫困人口既是旅游扶贫的对象，又是旅游扶贫的主体和生力军。应尊重其参与旅游扶贫的意愿，根据其参与旅游扶贫的能力，赋予其参与旅游扶贫的权利，发挥其在旅游扶贫中的积极性和主动性。

四　旅游扶贫网络舆情风险防范

对于扶贫开发来说，旅游扶贫舆情具有报警器和晴雨表的功能。正视旅游扶贫舆情，对于扶贫开发工作的推进具有重要意义。反过来，扶贫开发工作的有力推进，则对旅游扶贫舆情风险具有釜底抽薪的效果。防范旅游扶贫网络舆情风险要注意以下几个方面：

（一）处理好发展旅游扶贫和优化产业结构之间的关系

旅游扶贫是精准扶贫概念下衍生的扶贫战略，立足部分贫困地区优质、丰富的人文、地理旅游资源，以地区旅游产业发展带动地方经济。然而，旅游业作为受市场、时节影响较大的产业，以“旅游”作为地区发展的单一产业本身就存在较大的经济风险，进而也给旅游扶贫工作带来了持续性、健康性方面的隐患。这就要求旅游扶贫从一开始就以长远的目光看发展，舍弃一定的短期利益，以旅游产业带动全产业，扶持旅游产业并逐渐建立地区农业、工业、服务业整体良性运行模式。

处理好发展旅游扶贫和优化产业结构之间的关系，实际上就是处理好短期脱贫和持续发展之间的关系，为区域经济注入动能，脱贫的同时防范产业风险，少走弯路、不走弯路，产业发展的持续性是旅游扶贫成效评估的重中之重。另一方面，从旅游业发展本身而言，也要做好长期的开发利用规划，避免盲目开发、过度开发、无规划开发。在旅游资源开发、景区建设、旅游产业打造上进行科学调研、层次发展，避免市场过度饱和带来的资源浪费。

（二）处理好经济发展和生态保护之间的关系

生态保护问题一直是旅游扶贫舆情的高发领域，包括自然生态和文化生态两个方面。自然环境保护方面，主要针对以自然景观为依托的旅游扶贫地区，景区开发对珍稀地貌和动植物生态环境造成影响，景区接待所带来的污染，导致自然环境不可逆转的破坏。文化生态保护方面，主要针对以历史文化资源为依托的旅游扶贫地区，景区接待使历史遗址保存工作面临巨大压力，以及外来文化、经济利益对传统文化造成的冲击。

这就要求政府在旅游扶贫规划中，将生态保护原则作为重中之重提出来，并制定详细的实施方案，深入旅游资源开发、利用各个环节，并且号召地区居民参与到生态保护工作中。设立专项基金，定期对生态环境进行维护和修复，并可根据旅游季节变化，设定一定的“休牧期”，减少游客对旅游资源造成的压力。此外，做好游客告知工作，宣传生态保护的重要性和必要性，同时，对破坏生态环境的居民和游客，依法给予坚决处罚，绝不姑息。

（三）处理好扶贫工作迅速开展和社会生态稳定之间的关系

今年来，关于旅游城市“宰客”“打人”舆情事件时有发生，对于旅游城市的城市形象和旅游发展带来了极大的负面效应，此类事件舆情处置难度大，对城市的负面影响持续事件长，存在反复发酵和标签效应的风险。再加上，从区域旅游业本身来看，恶性竞争和社会治安也成为重大舆情隐患。因此，处理好旅游扶贫工作和社会生态稳定之间的关系也成为防范舆情风险的重要课题。

首先，要在一定程度上引导市场行为，兼顾公平原则，防止区域贫富差距过大。贫困地区有其特殊性，居民文化教育程度有限，对旅游业了解不多，如果放任市场主导，容易造成小部分居民、外来投资群体首先掌握旅游业发展先机，区域经济由整体贫困转向贫富两极分化，进而导致本地居民之间、本地居民和外来投资群体之间因为利益分配等原因产生矛盾，造成社会治安风险，影响社会稳定。此外，贫富差距拉大还会造成本地居民对国家扶贫政策和地区治理的质疑，对旅游扶贫政策的落实甚至是政民关系产生负面影响。因此，政府应发挥作用，精准扶贫到人，利用扶贫基金和外来投资，优先鼓励本地居民参与到旅游业发展的各个细分行业，兼顾公平，共同富裕。

其次，对扶贫对象进行精准评估，分散社会分工，避免扶贫对象的竞争压力过大。围绕旅游景点，相关零售、住宿、交通等相关产业均需要人力投入，政府应对扶贫对象进行精准分析评估，给予合理建议，一方面能够促进旅游产业合理分布，另一方面，避免本地居民“扎堆”，某一细分行业过度饱和引发不必要的竞争风险。

最后，治安管理和教育宣传相结合，引导本地居民合理使用财富。旅游扶贫工作一旦进入正轨，当地居民收获“第一桶金”，在享受脱贫带来的物资生活提升的同时，治安管理压力陡增。面对突如其来的财富累积，部分居民选择“挥霍”，醉酒、赌博、嫖娼等影响社会稳定的因素也迅速增多。对此，仅靠治安管理并不能从根本上消除舆情隐患，政府应该加强教育，引导居民财富积累、使用，鼓励他们根据自身情况将财富投入再生产中。

（四）发挥政府在精准扶贫中服务者的作用

中央屡次强调政府“服务人民”的宗旨，在精准扶贫中，地方政府更应该发挥其“服务者”的角色和作用，做好扶贫规划和方案，组织社会机构和企业积极参与到贫困地区建设，同时精准扶贫到户到人，确保扶贫资金、政策到位。

首先，要避免旅游扶贫出现多部门交叉管理的局面。扶贫工作涉及多个政府部门，同时扶持旅游业及相关产业发展更是需要多部门综合管理。在职能范围、利益、政绩等多方面因素作用下，如果不能做到统筹一致，很容易出现交叉管理的混乱局面。因此，需要地方政府从源头上做好统筹工作，明确各部门责权，避免交叉和疏漏。

其次，要避免旅游扶贫沦为“面子工程”“政绩工程”。旅游扶贫相对于农业和其他产业来讲，具有一定的优势，脱贫工作容易取得成效。但一些地方政府盲目追求旅游扶贫的短期经济效益，盲目开发、过度开发、不合理开发。因此，地方政府一定要明确精准扶贫工作的定位和意义，从“扶贫”这一立足点出发，做好扶持服务工作，以“扶贫”而非以“政绩”为优先。

最后，严惩权钱交易、侵吞扶贫资金的违法行为。反腐在政务舆情类话题中始终保持较高的社会关注度，而贫困地区的腐败行为尤其会引发社会舆论的愤怒情绪。近年来，扶贫工作中“贪占扶贫物资”“骗取扶贫资金”“违规办理精准扶贫贷款”等违法行为多有发生，不但偏离了国家扶贫工作的本质，也造成了国家资源的浪费。扶贫工作所涉部门、环节众多，应做好层层把关、监督、审计，杜绝地方政府部门与开发商、相关机构产生勾结串通、权钱交易的行为。

五　互联网与旅游扶贫开发

习近平总书记在中共中央政治局第三十九次集体学习时强调，农村贫困人口如期脱贫、贫困县全部摘帽、解决区域性整体贫困，是全面建成小康社会的底线任务。同时，总书记也指出，今后几年，我国脱贫攻坚面临着十分艰巨的任务。越往后脱贫难度越大，因为剩下的大都是条件较差、基础较弱、贫困程度较深的地区和群众。

（一）“互联网 + 精准扶贫”潜力巨大

在信息技术突飞猛进的“互联网 +”时代，“互联网 + 精准扶贫”的模式创新，为扶贫工作注入了新的活力。实践证明，这一精准扶贫新方式、新路径不仅可以有效地带动贫困地区的人民走向富裕，还能有效地促进区域经济的转型升级，中国特色的“互联网 + 精准扶贫”新方式存在着不可估量的市场潜力。加大“互联网 +”扶贫力度，让互联网惠及全体人民是新时期我国全面建成小康社会的必然要求，也是“互联网 +”战略背景下扶贫开发工作的重大创新。

（二）补齐短板，搭上信息化的“顺风车”

脱贫攻坚已经成为我国“十三五”期间头等大事和第一民生工程。随着人们旅游需求的增加，旅游也在以多元化多路径发展，现如今，乡村旅游已成为促进城乡融合发展、农村精准扶贫、农民脱贫致富的最有效途径之一。在“互联网 +”时代，贫困地区错过了工业化的机会，不能再错过信息化的风口。受经济水平、社会基础以及资源保障等综合因素影响，贫困地区落地“互联网 +”扶贫存在基础设施发展程度、上网资费水平以及互联网应用产业化能力等现实短板。

具体来讲，旅游扶贫方面，要帮助具备旅游资源的村落发展旅游业。一方面，通过“互联网 + 旅游”项目带动当地经济增收。将旅游作为精准扶贫的有效举措，将“互联网 + 旅游”与转型升级、提质增效、精准扶贫紧密结合起来，将旅游业打造成拥有具备旅游资源的贫困村的产业核心。另一方面，依托“互联网 + 旅游”，通过精准扶贫，让当地居民变旅游从业者、农产品变旅游产品、农村变景区（点），让城乡居民分享惠民富民的旅游福利成果。

（三）因地制宜，充分发掘“互联网+旅游”衍生产品

未来，随着经济社会和旅游业不断发展，“互联网+旅游”的衍生品会越来越多：旅游+教育、旅游+交通、旅游+休闲度假、旅游+新型养老、旅游+健康养生、旅游+购物、旅游+美丽乡村建设，等等。对于地方政府来讲，各地区的“旅游+”内容应各有侧重，各具特色，需要因地制宜、因时制宜地选择“旅游+”的优先领域重点突破。从目前情况来看，全国已有不少景区开始这方面的尝试，有的做得还比较好。比如，芮城的“印象风陵”景区就是致力于建立“旅游+新型养老”模式。

（四）以“互联网+旅游”助力旅游产业供给侧改革

“互联网+旅游”为我国旅游供给侧改革提供了巨大契机，而一定意义上讲，乡村旅游又是旅游产业供给侧改革重中之重。旅游业是关联性强、带动作用大、就业机会多的产业，而信息化则让旅游的触角伸向寻常百姓家，让田间农舍变成旅游景区，让农产品变成网上热卖的旅游商品，越来越多的农民因此脱贫致富。用“互联网+”思维延伸旅游产业链，推动“旅游+”融合发展，进而推动精准扶贫，是一项一举多得的工作。为此，国家层面或有必要建设“互联网+旅游扶贫”平台，开展智慧旅游扶贫，使各地的传统优势产品和传统生产工艺，参与到现代旅游商品的生产加工环节，形成旅游区与贫困区的专业化协助，使贫困地区的资源优势转化为资本，最终实现脱贫目标。

六 旅游扶贫舆情管控建议

众多案例表明，旅游舆情事件多数为负面舆情事件，涉及旅游扶贫的舆情也多为敏感舆情。由于旅游扶贫舆情热点存在所涉类别众多、舆情诉求主体多元、责任主体相对集中等特点，旅游

扶贫舆情除了具备一般旅游舆情事件的特质以外，还具备扶贫领域敏感舆情的一般特点。因此，一般来讲，旅游扶贫舆情事件所产生的社会影响往往要比单纯的旅游舆情事件更为复杂。因此，在精准扶贫已成国家战略的当前，做好旅游扶贫舆情，尤其是敏感舆情管控工作极具现实意义。

（一）正视、重视舆情的作用，规避旅游扶贫舆情风险

频频发生的扶贫舆情和旅游舆情并没有得到足够的重视，相同、相似的负面舆情事假还在反复发生。“以铜为镜，可以正衣冠”，旅游扶贫项目运行的时间尚不足以总结完善、完备的经验手册，这就要求地方政府应该正视、重视舆情的作用，关注全国范围内旅游扶贫项目中出现的问题，组织自查和修正，积极总结旅游扶贫舆情事件中的经验教训，完善地区旅游扶贫规划方案，建立舆情风险预警机制，避免负面舆情发生给城市发展和扶贫工作所带来的困境，以及给城市形象造成不可挽回的损失。再者，针对舆论关注比较集中的短视、逐利、规划等敏感问题，未雨绸缪，在旅游扶贫开发的科学性上下功夫，科学规划。

（二）线下决定线上，做好扶贫工作是防范舆情灾害的关键

在网络舆情事件层出不穷的今天，对舆情事件的处置、回应、善后等工作已成上升到突出位置。但是，舆情事件处置的再好，仍然会在公众视野中留下负面阴影。与其在舆情事件处置上花费大量时间与精力，不如立足工作本身，将更多精力放在解决具体工作，将敏感舆情的苗头扼杀在萌芽状态。就旅游扶贫舆情事件来讲，夯实扶贫工作才是解决旅游扶贫的本源性手段。

具体来讲，可以从线上线下两方面入手。一是线上要加强正面舆论引导，尤其是主流媒体的舆论引导。讲清、讲透、讲好旅游扶贫的相关政策，以强有力的舆论引导手段，消解各种舆论杂

音。二是线下要扎扎实实推进旅游精准扶贫工作，让精准扶贫到户到人更到心，以旅游扶贫的实效赢得舆论赞誉。

（三）善于借鉴先发展地区的舆情处置经验和教训

今年以来，作为传统旅游著名景区的云南丽江频繁发生旅游舆情事件，给丽江甚至云南旅游业带来不好影响。女游客挨打遭毁容、多人在餐厅催饭被打、副省长疑似在当地被强迫购物、被三部委重点督查、被国家旅游局严重警告等，丽江频频刷屏旅游新闻板块。不但如此，面对网民质疑，丽江古城官微回复网民“你最好永远别来”再次激怒网友。在该事件上，舆情应对失当暴露无遗，相关公职人员对待问题抱有鸵鸟心态，对自身问题既不承认，又抗拒外界批评。事后，有媒体直指当地政府缺乏现代治理思维。

种种旅游乱象为旅游扶贫工作的推进提供了鲜活的经验借鉴，相关部门不妨对先发地区的旅游舆情进行剖析研判，对照自身，总结经验，改进工作。再者，对于敏感舆情事件中官方处置方式进行总结评判，吸收借鉴。同时，还要关注其他地区扶贫工作中出现的全局性、局部性、苗头性等问题，将扶贫舆情与旅游舆情相结合，把握旅游扶贫工作中的矛盾焦点、潜在爆点，有力管控、处置扶贫旅游舆情。

下篇　案例篇

安徽的多元扶贫模式

张　焜

安徽历史悠久，临近长三角地区，区位优势明显，是我国中东部不可缺少的大省之一。境内有黄山、大别山等国家级景区，拥有极为丰富的旅游资源。与此同时，作为贫困人口相对集中的地区，安徽省的扶贫工作卓越成效。"十二五"期间，安徽省贫困人口由2011年的790.2万人下降到2015年的309万人，减少481.2万人，贫困发生率由14.7%下降到5.72%，降低9个百分点。

按照规划，"十三五"期间，安徽省要实现309万人口脱贫、3000个贫困村出列、31个贫困县摘帽。旅游扶贫在其中担负着极为重要的作用。

一　安徽省旅游扶贫相关政策

2016年3月，安徽省人民政府办公厅发布了关于加快乡村旅游扶贫的意见《关于乡村旅游扶贫工程的实施意见》，意见中提出要深入贯彻落实中央和省关于精准脱贫、精准脱贫的决策部署，坚持政府引导、科学规划、市场运作、农民主体、社会参与，积极探索扶贫开发与乡村旅游有机融合的新途径、新方式，支持贫困村和贫困群众开展乡村旅游创业就业，分享旅游发展红利，实现稳定脱贫。

根据安徽省旅游局提出"3451"旅游扶贫工程的规划，到

2020年，全省要建设300个乡村旅游扶贫重点村，每个村乡村旅游年经营收入达到100万元，通过乡村旅游带动40万贫困人口脱贫。加大贫困地区市县领导干部和旅游行政管理人员培训力度，对乡村旅游企业和个体经营户（贫困户）开展针对性技能培训，每年培训乡村旅游个体经营户（贫困户）600人次、乡村旅游服务人员3000人次。继续开展教育旅游扶贫助学活动，落实中职免学费政策，支持特困家庭子女进入省旅游学校学习，对大别山片区等集中连片特困地区实施送教上门。到2018年，实现旅游扶贫重点村旅游从业人员培训全覆盖。

《安徽省"十三五"旅游业发展规划纲要》提出，要坚持共享发展，实施旅游精准扶贫，建立旅游扶贫数据库，支持旅游扶贫重点村合理开发、布局旅游业态，增强其脱贫致富的内生动力和活力。落实好各类优惠政策，创造旅游休闲便利条件，形成旅游业发展、人民群众致富、宜游贫困村精准脱贫和旅游目的地居民、旅游者、旅游经营者满意度提高的多赢局面，着力推动旅游普惠民生。根据《十三五规划》，安徽省提出因地制宜，大力发展特色产业，鼓励创新创业，形成大众创业、万众创新的旅游发展新格局。鼓励多渠道、多层次筹措资金，引导财政、外资、工商资本、社会资本等多元投入发展旅游，形成全社会投资旅游产业发展格局。大力发展特色产业，优先培育创新产业，支持发展一批小微企业，鼓励更多大学生、返乡农民工、专业艺术人才、青年创业团队投身旅游创新创业。

一 安徽旅游扶贫的条件与现状

（一）旅游业：旅游发展迅速，成为境内外游客最受欢迎的目的地之一

统计表明，"十二五"期间，安徽省旅游发展主要目标基本完成。2015年，全省接待入境游客445万人次、国内游客4.4亿

人次，年均分别增长17.5%、23.7%；旅游总收入4120亿元，年均增长29.1%。3项主要指标位次前移，分别位于全国第9、10、11位，进入全国第一方阵。旅游投资持续增长，实施“335”旅游建设行动计划，“十二五”期间累计完成投资8045亿元，是“十一五”投资总额的5.3倍，占全省累计固定资产投资的8.9%，推动建设5亿元以上重点旅游项目200个。战略地位日益增强，2015年旅游业增加值占全省GDP比重增至5.9%，对国民经济贡献率达8.7%。产业体系基本建立，2015年末，国家A级旅游景区560家、星级旅游饭店441家，其中4A级以上景区181家，四星级以上饭店154家；新增旅行社518家，总数达1465家，3家进入全国百强；创建全国休闲农业和乡村旅游示范县8个、示范点17个；创建省级农家乐1241家，其中五星级155家，四星级229家；黄山风景区、九华天池风景区获批国家生态旅游示范区；环巢湖国家旅游休闲区试点在全国率先获批创建。创建首批省级旅游度假区7个、省级中医药健康旅游示范基地6个、省级研学旅行基地10个。产业实力壮大，2015年末全省旅游企业超过2万家，较2010年增加60%以上，营业收入过亿元的旅游单体企业18家，旅游集团企业15家，安徽省旅游集团有限公司、黄山旅游集团有限公司连续六年进入中国旅游集团20强。

从图1来看，安徽省整体旅游发展稳步健康增长，2014—2016年，接待游客数量稳步提升，2016年接待国内外游客达5.2亿人次，相较2015年增长近2成。

此外，从旅游总收入及增长率（图2）来看，2016年，安徽省旅游总收入近5000亿元，旅游行业总收入占全省GDP已超过2成，成为全省经济发展的重要支柱产业。

（二）十三五规划：构建四大旅游板块

安徽省旅游资源分布并不均衡，以黄山为核心的皖南地区旅

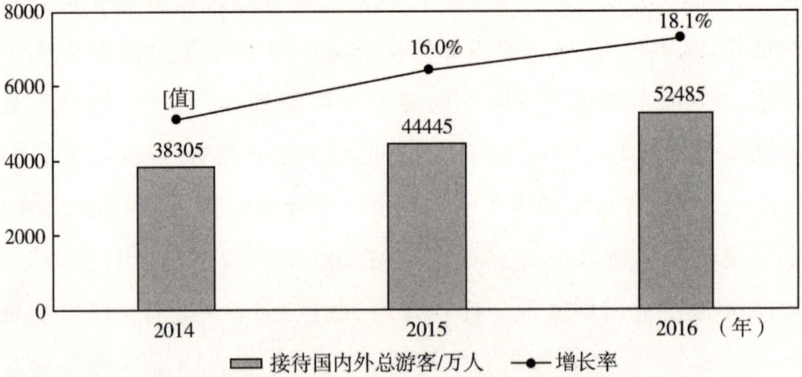

图 1　安徽省全年共接待海内外游客人数及增长率

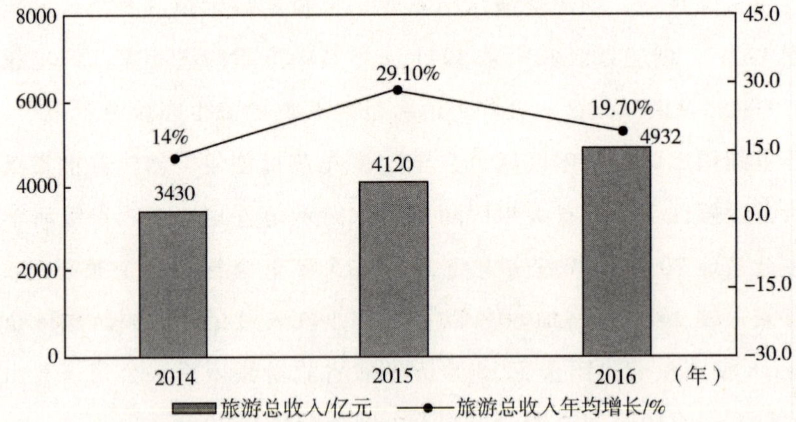

图 2　安徽省旅游总收入及增长率

游资源较为丰富，黄山、池州、宣城、芜湖、马鞍山、铜陵旅游产业发展较早。以合肥为中心的环合肥都市旅游圈具备交通优势，旅游资源也相对较丰富。皖西部的六安、安庆毗邻大别山，依托大别山红色旅游资源，逐渐发展为特色旅游板块。皖北地区则以历史文化旅游资源见长，安徽省着力打造的皖北文化生态旅游板块。

2017 年 4 月，安徽省省政府颁发了《关于将旅游业培育成为重要支柱产业的意见》，强调优化空间布局，高水准建设皖南国际文化旅游示范区、合肥都市圈休闲旅游区、大别山自然生态旅游区、皖北文化生态旅游区，推进“四大板块”特色发展、错位互补、协调联动。

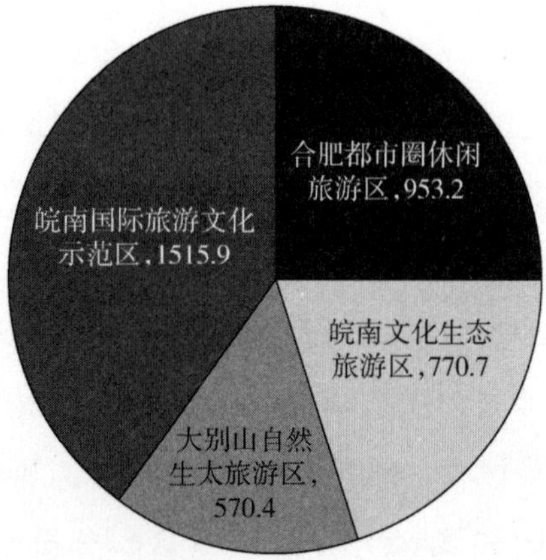

图 3 四大旅游板块 2015 年地区旅游总收入（亿元）

从各板块旅游收入来看，皖南与合肥都市圈旅游收入占比超过六成，大别山与皖北旅游板块收入较低，贫困人口相对较多，未来将是安徽省旅游扶贫重点开发地区。

（三）乡村旅游：为旅游扶贫、精准扶贫提供有力保障

乡村旅游是带动区域经济，实现旅游扶贫的重要开发项目。在十二五期间，安徽省创建全国休闲农业和乡村旅游示范县 8 个、示范点 17 个。

2016 年，安徽省将 302 个乡村划入旅游扶贫重点村名单，其中国家级乡村旅游扶贫重点村 126 个，省级乡村旅游扶贫重点村 176 个。2017 年，全省将启动重点宜游贫困村旅游扶贫规划编制工作、乡村旅游扶贫开发指南。2017 年计划评定旅游强县 10 个、优秀旅游乡镇 80 个、旅游示范村 150 个、四星级以上农家乐 150

家；开展贫困村乡村旅游村官培训，今年计划分4期培训600人；启动旅游教育扶贫工程，今年由安徽旅游学校落实，以建档立卡贫困人口为主，开展大别山区100名旅游类专业免费招生活动；召开乡村旅游扶贫现场推进会，今年将在金寨召开结对帮扶模式现场推进会。

旅游扶贫以旅游资源、居民参与旅游带动经济发展，解决贫困问题，在本质上是一种造血运动。政府在输血的过程中，需要精准识别扶贫对象、对不同地区进行精准的扶贫模式打造。安徽省地区发展差异大、地形差异大、旅游资源分布不均，针对不同地区需要有不同的扶贫模式以及扶贫方案。安徽省在实践中不断探索，总结出四大旅游扶贫模式。一是景区辐射型扶贫：围绕精品景区创建，把景区周边村落作为景区休闲、观光和民俗文化体验承接区，变封闭式景区为开放式景区，充分发挥景区带动的“溢出效应”。二是交通依托型扶贫：依托安徽省精品旅游线路和交通干线，在通往主要乡村旅游目的地出口，发展餐饮、住宿型农家乐及生态、休闲型农庄。三是城郊休闲型扶贫：包括在重点建制镇周边以及在美好乡村建设中，积极培育发展以“吃农家菜、住农家屋、学农家活、享农家乐”为主题的休闲农业、观光农业。四是新兴业态型扶贫：围绕当地旅游资源，适应市场消费需求，大力培育旅游新产品新业态，如皖南和大别山区的生态养生旅游，皖北地区的中医药健康旅游等。

同时，安徽省实施“百企百村”乡村旅游帮扶行动，首批发动100家旅游企业与100个贫困村开展精准结对帮扶活动，同时旅游扶贫村数据库建立工作，确定重点宜游贫困村，选取50个村作为扶贫观测点，构建覆盖全省的监测网络体系，跟踪扶贫过程，评估扶贫效果。

三　各地自主实践，探索多元扶贫模式

（一）六安市：景区带动精准扶贫，交通建设推动全域旅游发展

六安市拥有安徽西部唯一一个国家级5A景区——天堂寨。金寨县天堂寨景区依托“红色旅游、生态旅游、民俗旅游”为周边乡村带来强大的推动力。在政府的推动下，天堂寨所有涉旅企业需要与贫困户建立联系责任机制，要求旅行社、宾馆、农家院实行包保户制度，实现以旅游企业帮扶式的扶贫模式。

2013年3月开始，大别山旅游扶贫快速通道完成建设，全场193公里，投资30亿元，实现了大别山区域内外的交通畅通。金寨县境内沿线目前共创建品牌农家小院257家，带动1414人就业，人均年增收1.79万元。霍山县境内的漫水河、上土市、太阳、大化坪、磨子潭和单龙寺等6个乡镇已发展农家乐219户，直接从业人员1020人。依托扶贫通道发展霍山石斛、茶叶等旅游商品经营户573家，直接从业人员1623人。大别山主峰白马尖景区所在地太阳乡人口8225人，直接或间接从事旅游业达3000人以上，人均年增收4000元，带动800多人稳定脱贫。

（二）安庆：岳西依托自然资源，实现旅游扶贫

岳西县是鄂豫皖大别山区唯一的纯山区县，森林覆盖率74%，生态条件优越，为国家中药材基地县、全国重点产茶县，境内山清水秀，生物资源极为丰富，被专家称为“是一座生态保存发育完好的天然花园”，药材现有植物类1024种，动物类79种，矿物类33种，总蕴藏量7.5万吨，其中茯苓、天麻、皖贝、厚朴、杜仲、山茱萸、灵芝、石斛等30余种名贵药材在国内外享负盛名。2015年列入国家发改委等11部委公布的国家级生态保护与建设示范区名单（全国143个市县，其中安徽省5个），2016年初列入国家全域旅游示范区首批创建名单。

2016年以来，岳西县扎实推进“3451”旅游扶贫工程，围绕“脱贫攻坚”中心任务，聚焦“精准帮扶、精准管理”，实施“以资源资产入股或土地流转分红、开办农家乐、吸纳就业、劳务用工、销售农副产品收入”等带动模式，做好政府推动和示范带动、产业融合和精准扶贫、宣传营销和品质提升相结合文章，夯实乡村旅游发展基础，将旅游产业作为农民脱贫致富的主产业，乡村旅游成为决战脱贫攻坚的主阵地。数据显示，2016年岳西全县通过旅游带动脱贫1.14万人。

（三）亳州市：历史文化+生态旅游，带动乡村扶贫发展

深处皖北贫困地区的亳州市具备悠久的历史文化遗产，亳州依托古代名人故乡、淮河湿地地理区位，重点发展以淮河湿地为代表、生态与文化相结合的生态旅游；以历史文化为代表、文化创意与旅游业相结合的文化旅游。

亳州市财政先后投入200余万元，完成了13个全市乡村旅游扶贫重点乡镇、村旅游扶贫规划，从产业定位和发展目标、空间布局、市场形象、产品体系、服务设施等方面提出了指导性意见和具体措施。2016年，亳州市建成十河大周芍花基地、印象江南、淝畔绿洲、淝水湾、润耕天下农场、观堂晨光村桑葚基地、圈椅村瓜果采摘基地等精品乡村旅游项目。

（四）黄山市：探索旅游扶贫精准路径

2016年，黄山共接待乡村旅游游客3721万人次，乡村旅游总收入达263亿元，带动农村贫困人口3268人实现稳定脱贫。黄山结合发展全域旅游，从旅游资源基础条件、交通区位条件、开展乡村旅游扶贫积极性等方面进行筛选，确定省、市两级旅游扶贫重点村31个，涉及建档立卡贫困户1759户4196人。

为把乡村旅游扶贫工作落到实处，黄山市开展旅游企业与旅

游扶贫重点村结对帮扶，组织旅游扶贫重点村干部和乡村旅游带头人参加相关培训，通过网络、报刊、画册、营销活动等多种形式推介宣传旅游扶贫村。同时，整合各类涉农资金 5817.3 万元，完善贫困村乡村旅游基础设施和公共服务设施；安排专项资金 1513 万元扶持旅游扶贫重点村。

参考文献：

[1] 王靖：《安徽旅游业发展战略研究》，《旅游科学》2007 年第 5 期。

[2] 杨祎、梁宜人、黄润：《六安市旅游精准扶贫模式研究》，《皖西学院学报》2016 年第 2 期。

[3] 胡文海、孙建平、余菲菲：《安徽省区域旅游经济发展的时空格局演变》，《地理研究》2015 年第 9 期。

[4] 黄莹莹：《六安市旅游扶贫模式分析与优化对策》，硕士学位论文，华中师范大学，2016 年。

[5] 孙菲、陈心悦：《浅谈供给侧改革下的精准扶贫——以安徽安庆为例》，《现代商业杂志》2017 年第 6 期。

[6] 毛赟：《安徽省岳西县扶贫问题研究》，硕士学位论文，安徽农业大学，2014 年。

[7] 安徽省旅游政务网：《安徽省人民政府办公厅关于印发安徽省“十三五”旅游业发展规划的通知》，http：//www.ahta.com.cn/gov/xxgk/html/2017/201703－00103.shtml，2017 年 3 月。

四川："旅游+"助力旅游扶贫

戴婷竹

四川省，位于中国大陆西南腹地，为全国的资源与能源大省。更因其物产丰富，资源富集而被誉为“天府之国”，同时也是中国重要的经济、工业、农业、军事、旅游、文化大省。作为拥有世界遗产最多的省份，旅游资源丰富，目前共有国家5A级景区10处，国家4A级景区130处。

根据《四川省“十三五”旅游扶贫专项规划》，“十三五”期间全省旅游产业扶贫的对象主要涉及20个市州、139个县、27.9万贫困人口。在这脱贫攻坚的关键时期，旅游扶贫这项任务艰巨，四川省坚持政策支持“输血”和项目带动“造血”同步进行，并探索出社会化扶贫新路

一 四川旅游扶贫的自然及社会环境

（一）四川省旅游业发展迅速，旅游扶贫推进条件良好

旅游业是中国供给侧结构性改革的先行产业、动力产业和优势产业，产品结构是旅游供给侧的核心，如何从资源导向转化为市场导向成为改革的重心所在。建设旅游经济强省，需要旅游新业态作为支持。四川作为旅游资源丰富大省，拥有众多自然景观与人文建筑，近年大力实施“旅游+”战略，推动从景点旅游向全域旅游转变，从观光式旅游向体验式旅游转变，从季节性旅游

向四季旅游转变，旅游经济发展效果显著。

纵观四川省旅游经济近年（图1），2014年到2016年，四川省接待海内外游客人数逐年增加，年增长率呈现平稳态势，在2016年接待海内外旅客人数达到6.6亿人次。从旅游总收入及增长率（图2）来看，2016年，四川省旅游总收入近7800亿元，成为全省经济发展的重要产业。

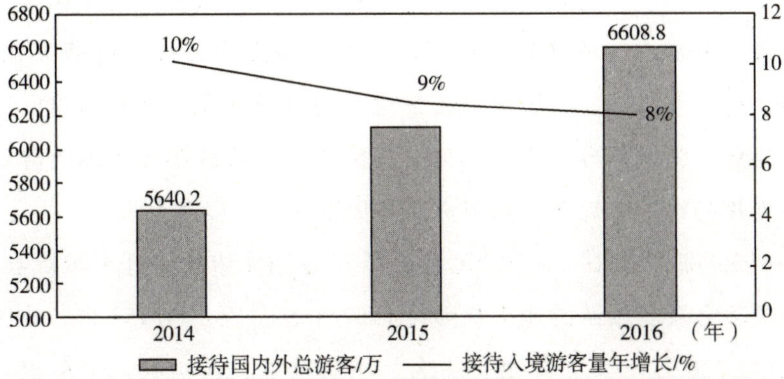

图1　四川省全年共接待海内外游客人数及增长率

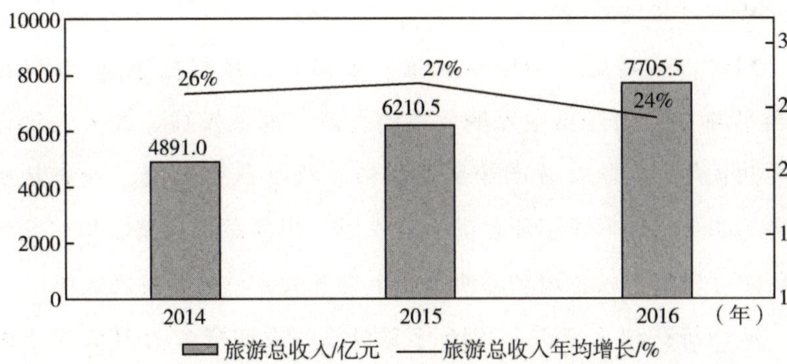

图2　四川省旅游总收入及增长率

（二）旅游资源与贫困地区高度重合，“四大片区”旅游扶贫已现成效

四川有全国最大的彝族聚居区、第二大藏区、唯一的羌族聚居区，是川陕革命老区核心地带，也是全国脱贫攻坚主战场之一，全省贫困人口规模、贫困村数量接近全国的1/10，脱贫攻坚任务十分艰巨。同时，四川的旅游资源十分丰富，以自然风光为代表的九寨沟、泸沽湖、峨眉山，以民族文化为代表的藏文化、彝文化、羌文化，以历史文化为代表的宗教文化、文物古迹、革命老区等绝大部分在秦巴山区、乌蒙山区、藏区和大小凉山彝区等连片特殊困难地区，旅游资源与贫困地区高度重合。

全省四大片区 88 个贫困县，36 个是国家级扶贫开发重点县，涉及适合发展旅游的建卡贫困村 1152 个，贫困户 67957 户，贫困人口 22.6 万。针对“四大片区”旅游扶贫，四川省抓采取以点带面，抓示范带动的策略，指导一批“景区带村”“能人带户”“公司 + 农户”“合作社 + 农户”等旅游扶贫先进典型，从而在全省形成示范带动效应。

同时，四川是“中国农家乐”发源地，乡村旅游从 20 世纪 80 年代中期，历经自主发展、规模发展、规范发展、提升发展逐步“进阶”，乡村旅游产业从无到有，档次从低到高，业态从少到多。如今已经形成了环成都天府农家、川西藏羌风情、川东北苏区新貌、川南古村古镇和攀西阳光生态五大乡村旅游发展板块。

从经济扶植上来讲，2016 年省级旅游发展资金的 70% 用于四大片区旅游项目，共完成重大旅游项目投资 879 亿元，引进社会投资 1318 亿元。中国（四川）旅游投资大会推出了全省“8 + 30 + 100”旅游招商项目，其中 8 个跨区域重大项目全部涵盖贫困区域，30 个精品项目中有 15 个、100 个优选项目中有 43 个涉及贫困地区。

二　四川旅游扶贫三大模式

（一）四川旅游扶贫政策支持

近年来，四川以“旅游兴川、旅游强省”为目标，积极探求旅游扶贫新模式，为提高省内贫困人口收入、推进贫困地区经济持续健康发展提供新的思路。为做出特色，四川省重视指导各地充分利用独特的自然、人文环境和产业资源，打造不同业态类型、特色各异的乡村旅游产品。

根据《四川省“十三五”旅游扶贫专项规划》，“十三五”期间全省旅游产业扶贫的对象主要涉及20个市州、139个县、27.9万贫困人口。

党的十八大以来，四川省通过发展旅游带动农民致富的行政村已超过5000个，1000余万名农民直接和间接受益。在旅游扶贫中，四川省把自然资源优厚、经济条件落后的民族地区群众列为重点扶贫对象，近年来，通过改善交通基础设施、引入旅游项目等多种形式带动群众脱贫增收。其中阿坝州通过“三百示范工程”和“一个旅游点致富一个村”“一个旅游区带富一个乡”模式，建成了一批配套完善、环境优美、风格独特的精品旅游村寨，为群众持续增收奠定了坚实基础。甘孜州以旅游统筹城乡发展，打造了磨西镇、稻城县等旅游扶贫示范点。凉山州旅游就业占全社会就业的6.5%以上，西昌市安哈镇、雷波县马湖乡通过引进企业，培训贫困群众制作旅游商品，实现脱贫致富。

2016年，四川省旅发委通过购买服务方式，依托成都大学、成都信息工程大学银杏酒店管理学院、西昌学院，组建四大片区旅游扶贫促进中心，为贫困地区提供规划编制、品牌打造和宣传营销、旅游商品培育、旅游培训等服务。省旅发委还委托专业机构策划包装“8+30+100”旅游招商项目，8个跨区域重大项目全部涵盖贫困区域，其余项目也有约一半涉及贫困地区。省旅发委还推动旅游优选项目进入北京产权交易所平台开展专业化招商，2016 年共完成重大旅游项目投资 879 亿元，引进社会投资 1318 亿元。

资金保障上，注资 12 亿元设立四川旅游产业创新发展股权投资基金。该基金重点投资省内景区打造、旅游新业态、旅游全产业链的延伸开发等，预计带动金融资本和社会资本投入 50 亿元至 100 亿元。2016 年，四川省级旅游发展资金的 70% 也用于“四大片区”旅游项目。

（二）大力实施”旅游 +”战略，积极探索旅游扶贫新模式

四川作为旅游资源丰富大省，拥有众多自然景观与人文建筑，近年大力实施“旅游 +”战略，推动从景点旅游向全域旅游转变，从观光式旅游向体验式旅游转变，从季节性旅游向四季旅游转变。在农业旅游方面坚持“农旅融合发展”，以建设四川旅游中心和国际旅游名城为目标，以开发乡村景致、挖掘民俗风情为主线，培育望山观水的自然乡村、独具魅力的乡情农庄、文化韵味的历史古镇，推进四川农业旅游蓬勃发展。

四川以“旅游兴川、旅游强省”为目标，积极探求旅游扶贫新模式，为做出特色，四川省指导各地充分利用独特的自然、人文环境和产业资源，打造不同业态类型、特色各异的乡村旅游产品。发展乡村旅游型模式，即依托城镇、公路沿线、农林产业园区等，开办农家乐和经营乡村民宿等实现增收。例如，依托客源市场，打造满足城区居民不同需求的周末乡村休闲度假旅游产品；以贫困村特色村寨的生产生活方式、民俗节庆、宗教文化为依托，打造民族（民俗）特色村寨型乡村旅游产品；再如，依托农（林）业产业基地（园区），打造了一批休闲农业与乡村旅游聚集区（带）、综合体、示范点，满足城乡居民新型消费需求。

（三）打造景区带动型、发展乡村旅游型、开发旅游商品型新模式

打造景区带动型。旅游业扶贫工作逐步推进，通过景区带动周边沿线及邻近的贫困村脱贫已成为四川旅游扶贫的重要模式。通过景区带动力将资源转化为资本，以资产平台带村、以旅游规划带村、以基础设施带村、以旅游业态带村、以优先就业带村、以市场营销带村……这些带动方式都是一种鼓励，让当地村民参与到旅游产业发展过程中，使他们成为度假区开发的受益者。

发展乡村旅游型。四川发展乡村旅游型扶贫有着得天独厚的历史条件。近年来，乡村旅游占四川旅游总收入接近三成，成为四川游客最喜欢的短期出游方式。在旅游资源富集的乡村，当地村民在城镇、公路沿线，按照“风貌特色化、功能现代化、服务标准化”要求，通过依托城镇、公路沿线等，发展乡村旅游特色业态，开办农家乐和经营乡村民宿，打造景观农业、休闲农业，成为第三产业的经营业主，以多种业态、多种方式为游客提供服务，增加经营收入，实现脱贫增收。

开发旅游商品型。结合地域特色和市场需求，按照“创意化的文化产品、文化化的实用产品、旅游化的农副土特产品”三大类型，积极推动贫困地区旅游商品开发。将当地农特产品运送到景区、农家乐等游客相对集中的区域，或者以“电商”方式销售旅游产品。

根据四川省旅发委统计数据显示，2016 年仅用了三个季度的时间，四川省就有 5000 多个行政村通过发展乡村旅游带动农民致富，乡村旅游经营户超过 10 万家，800 余万农民直接或间接受益，1443 个旅游扶贫重点村纳入全国乡村旅游扶贫工程名录。十八大以来，四川全省通过发展旅游带动了 10% 以上的贫困人口脱贫，旅游脱贫人数达 50 万人以上。

三 案例："旅游+"等创新模式助力阿坝州精准扶贫

阿坝州位于四川省西北部，地处青藏高原东南缘，横断山脉的核心区域，地貌以高原和高山峡谷为主，是长江、黄河上游重要的水源涵养地，为国家重点生态功能区，是四川省第二大藏区和我国羌族的主要聚居区。拥有非常多样化的旅游资源，其中，具有代表性的包括自然资源、"雪山草地"红色旅游资源、民族走廊和地震遗迹资源等。就自然资源来说，最为突出的是九寨沟、黄龙、大熊猫栖息地等世界遗产所在地，同时，四姑娘山和汶川等国家级4A景区也广为人知，此外，诸如达古冰川、毕棚沟、松坪沟—叠溪海子之类各具特色的区域也具有良好的发展前景；就红色资源来看，阿坝地区拥有114个乡镇级别的，其中较为典型的包括红原瓦切红军长征纪念遗址、马尔康卓克基会议旧址、若尔盖巴西会议旧址等；就民族资源来说，该地区的马尔康卓克基土司官寨、松岗直波碉群、松潘古城和壤塘棒托寺属于国家级的重点文物保护地，另外还有13处也达到了省级的级别；就地震遗迹来看，该地区主要是和汶川大地震相关的一些遗迹，例如百花"5·12"断桥、震中莲花心沟、"汶川大地震震源点""漩中遗址"等。

根据四川省旅发委发委和省扶贫移民局公布的了2016年度省级旅游扶贫示范区（村）名单，阿坝州黑水县成功创建为省级旅游扶贫示范区，红原县达格龙村、汶川县龙溪镇联合村、理县桃坪乡佳山村等24个乡村旅游扶贫重点村成功创建省级旅游扶贫示范村。2016年，阿坝州共整合旅游扶贫资金2266万元，实施了旅游扶贫"六小工程"（一个停车场、一个旅游厕所、一个垃圾集中收集站、一个医疗急救点、一个农副产品商店和一批旅游标识标牌）和民宿接待户"三改一整"（改厨、改厕、改房间、修整院落），通过旅游扶贫示范区（村）的创建，有力促进了阿坝州贫困地区旅游产业发展。

（一）贯彻生态为本、特色为根、文化为魂理念，持续发展红色旅游

红色旅游是一种革命传统教育与旅游产业相结合的新兴旅游产品，寓教于乐，吸引大批游客感受革命之旅，也促进革命老区经济发展。阿坝州属于国家重点培育的“重点红色旅游区”之一，红色旅游资源丰富。以阿坝州红原县为例，一是树立全域旅游理念，把全县作为一个大景区、把县城作为一个大景点来打造；二是推动精准扶贫和建设幸福美丽新村有机结合；三是积极争取资金，加大旅游基础设施建设的投入和配套完善；四是对贫困村经营业态进行引导和扶持，指导和带动贫困群众为游客提供特色体验服务等。

其他红色旅游辐射地区，例如正在推进“三微”“三态”建设，促进旅游产业精准扶贫的黑水县，则通过加快红色旅游景区开发，提高红色旅游项目的参与性、趣味性和文化品位；完善红色旅游基础设施建设，提高景区的可进入性和参观游览的安全性、舒适性；创新红色旅游产品，开发个性化、差异化的红色主题及其产品；强化红色旅游地的讲解，编制完善红色旅游导游词，举办红色导游员和讲解员大赛；加大宣传促销等方式解决目前旅游扶贫所遇到的问题。

与此同时，阿坝州加快提升“环红”核心区旅游配套服务能力。加快规划和建设游客咨询服务中心、生态停车场、旅游厕所、旅游标识牌、住宿、饮食、购物、文化、娱乐、金融服务、加油站等配套服务设施建设，建立健全医疗救助、安全防范、事故处理等应急系统，全力为游客创造方便、安全、舒适的旅游条件。

（二）创新模式，大力推进电子商务+精准扶贫模式

阿坝农特资源十分富集，依靠电商让“山货走出来”正是助推群众脱贫致富的有效途径。近年来，阿坝州按照省委、省政府的决策部署，把电子商务作为“调结构、促转型、惠民生”特别是脱贫攻坚的重要抓手，通过政府推动、市场引导、企业运作、群众参与的机制，全面推进实施电子商务和电商扶贫工程，呈现出了良好的发展态势。

以阿坝州松潘县为例，松潘县地处域辽阔的松潘大草原，辖区面积8600余平方公里，绿色生态农牧产品丰富。但主要产品生产地离城市远，运输时间长，同时由于农产品市场不稳定，导致部分产品滞销，影响了产品销售价格，许多农户陷入了增产不增收或增收有限的困局。根据这种情况，松潘县打造自营乡村物流体系，大力推进电商仓储物流中心建设，同时建立了电子商务O2O体验馆，整体装修兼顾古城元素、民族元素、电子商务元素，以展销阿坝州特色产品为主，借松潘旅游优势资源，高效利用旅游人流，让每一位旅行者获得良好的线下购物体验的情况下，成为线上购物的客户，更成为朋友圈里的松潘农特产的“推广员”。

在此基础上，松潘县打造了电子商务旅游示范村，牧场村是四川省高寒牧区县中率先完成“牧民定居”的村寨之一，部分牧民群众立足良好的交通区位优势，搞起了牧家乐，在公司的帮助下，通过电商平台对接旅游人群，以“互联网+自驾旅游+民俗旅游+电商扶贫”的复合型发展模式，大力推进牧场村电子商务示范村建设。

（三）产业融合“旅游+”精准扶贫

《四川省“十三五”旅游扶贫专项规划》提出，“十三五”

期间我省将针对全省139个县进行旅游扶贫，涉及1443个村、建档立卡贫困户85085户、贫困人口278980人，惠及贫困地区上百万人口。每一个适合旅游开发的村落，都有着自己的特色。在此之上，四川省提出旅游扶贫产业融合发展战略，通过“旅游+”实现精准扶贫。

“旅游+农业”是旅游扶贫大多数地方的“规定动作”，其中巴中恩阳区依托农业优势资源和幸福美丽新村，发展观光农业旅游和‘巴山新居’游，打造成巴高速沿线乡村旅游带，促进农旅融合发展。成巴高速沿线乡村旅游带共有天恩公司、农业生产合作社等旅游企业100余家，吸收的就业人数2369人，其中贫困人口从业人员950人，年人均取得工资性收入15000元。

除此以外，阿坝州还发展“旅游+体育+文化”，“旅游+交通”等多种扶贫旅游模式，打造特种旅游，区域统筹旅游等多元化旅游项目，整体提升精准扶贫效果。

（四）推进旅游营销，打造旅游品牌，发展旅游商品

品牌与营销是市场竞争必不可少的有效手段。阿坝州依托优势资源，聚力打造和集中推广“净土阿坝”区域品牌，着力把“净土阿坝”培育成口碑好、信誉高、消费者信赖的品牌。同时，鼓励电商企业在“净土阿坝”品牌下，打造企业自己的专属品牌，“阿厘子”“佳山苹果”“有李”“向巴堂”等专属品牌深受消费者好评。其中黑水县加强品牌创建，实现农特产品就地销售。强化农特产品“三品一标”建设，成功取得“黑水中蜂蜜、黑水凤尾鸡”国家地理标志认证，积极与上对接，加强“黑水核桃、黑水藏香猪”等产品申报力度，提升产品销售等次，促进农产品附加值。

除此以外，作为乡村旅游的重要营销手段，四川省乡村文化旅游节的作用越来越明显，不仅是全省乡村旅游发展“以会促

建，以会促销”的重要活动，更是四川省旅游发展委员会“树立精品，扶持新品”的重要抓手。2015 年开始，四川省乡村文化旅游节从一年一次变为了一年四季依次举办。乡村旅游是四川省精准扶贫的重要抓手，“四季版”乡村旅游节让四川省的美丽乡村有了展示的舞台。这个舞台，让美丽乡村能与游客亲密接触，与市场更好地对接。乡村旅游节会的系列活动都将持续数月，以此扩大节会营销的影响力。

2016 年阿坝州上半年接待境内外游客 1688.2 万人次，实现旅游收入 137.83 亿元，分别同比增长 14.73% 和 15.25%。纷涌而至的游客让阿坝州越来越多的贫困地区百姓享受到了旅游扶贫的惠及。下一步，阿坝州将继续构建以核心景区为引领、乡村旅游为支撑、示范村（点）全面带动的旅游产业扶贫体系。实现“开发一个村寨、带活一方经济、致富一方百姓”的旅游脱贫效应。

参考文献：

[1] 周正浩：《阿坝州红色旅游的发展策略研究》，《城市旅游规划》2015 年 4 月下半月刊。

[2] 四川省民族宗教事务委员会课题组：《“成败之举在于精准”——阿坝州精准扶贫与生态旅游发展研究》，《四川党的建设》（城市版）。

[3] 于蓉：《少数民族旅游扶贫的可能性、重要性与路径选》，《贵州民族研究》2014 年第 3 期。

[4] 四川省人民政府网：《四川省人民政府关于印发四川省“十三五”旅游业发展规划的通知》，http：//www. sc. gov. cn/10462/10464/13298/13301/2017/4/22/10420736. shtml，2017 年 4 月。

重庆的旅游扶贫之道

金炫美

重庆是我国四个直辖市之一，也是我国五大中心城市之一，是西部地区最大的综合城市之一，地处我国中西部地区的结合部，具有承东启西的区位优势。具有3000多年的悠久历史，以重庆为中心的古巴渝地区是巴渝文化的发祥地。

2016年，重庆启动110个贫困村和高山生态扶贫搬迁点乡村旅游扶贫项目建设，整合投入资金2.85亿余元，其中乡村扶贫专项资金6000万元；参与项目农户达到10403户，其中建卡贫困户2391户；新发展农家乐接待户3993户，累计全市发展的接待农户达到15000户。

一　重庆市旅游扶贫相关政策

2016年3月11日，重庆市召开乡村旅游发展大会，总结全市乡村旅游发展情况，宣传推广乡村旅游特色产品，安排部署乡村旅游发展任务。

2016年7月7日重庆市人民政府办公厅发布了关于加快乡村旅游发展的意见（以下简称《意见》），《意见》提出：要把旅游业打造成综合性支柱产业、把重庆建设成国际知名旅游目的地为目标，整合资源，丰富业态，融合发展，推进乡村观光旅游向乡村休闲度假和乡村生活体验转型升级，以游兴村，以游强镇，以游富民，促进乡村生产发展、生态优化、生活富裕，把乡村旅游业培育成重庆的旅游产业的重要增长点、农村经济转型升级的特色产业和惠民富民的民生产业。

2016年7月15日，为充分发挥乡村旅游在扩内需、稳增长、促就业、减贫困、惠民生等方面的积极作用，重庆市人民政府办公厅提出了加快乡村旅游发展的相关意见。在旅游扶贫方面，意见提出要编制《重庆市乡村旅游扶贫重点村名录》，按照全国《乡村旅游扶贫重点村开发指南》，制定《重庆乡村旅游扶贫工程行动方案》。引导主城区、城市开发新区及旅游要素联盟精准扶贫渝东南、渝东北两大旅游协作区，重点支持建设一批旅游扶贫重点项目、打造一批乡村旅游精品线路、创建一批乡村旅游品牌、开展一批游客互送旅游活动。各区县（自治县）要引导贫困山区群众，通过土地、山林承包经营权等方式，参与乡村旅游发展，分享产业链收益，依托发展旅游业脱贫致富。

2016年10月31日重庆市人民政府办公厅发布关于印发重庆市建设国际知名旅游目的地“十三五”规划的通知，提出了要建设国际乡村旅游示范区的目标。目标提出，到2020年，建成100个特色旅游镇，1000个特色旅游村，培育200个乡村旅游精品民宿；打造一批国际乡村旅游休闲度假区，在渝东北和渝东南建设一批乡村旅游扶贫试验区；乡村旅游人次达到1.7亿人次，实现乡村旅游收入800亿元，带动10万以上贫困人口脱贫致富。

此外，根据《重庆市乡村旅游发展规划（2013—2020年）》，到2020年，乡村旅游将成为全市旅游业重点产业，成为促进农业增效、农民增收和满足大众休闲需求的民生产业，成为缓解资源约束和生态文明建设的绿色产业，成为发展新型消费业态和扩大内需的支柱产业。

同时，将武隆、酉阳、石柱、奉节、巫溪、城口等国家重点贫困县确定为乡村旅游扶贫示范区县。按照一个区县一个片区的模式，规划了仙女山、大黄水、红池坝、摩围山、三角坝等市级示范片和若干个县级示范片，制定了“两带三山五十五片区”的乡村旅游扶贫发展布局。同时，在此期间（2013—2020 年），计划建成国家旅游扶贫试验区 2 个、全国特色景观旅游名镇（村）30 个、全国休闲农业与乡村旅游示范县（点）30 个、国家“美丽乡村”示范单位 300 个和一批国家（乡村型）生态旅游示范区、国家（乡村型）旅游度假区，把重庆市乡村地区打造成为国内外知名的巴渝乡村旅游目的地。

二　重庆旅游扶贫的条件与现状

（一）旅游业：发展迅速，旅游扶贫推进条件良好

宏观来看（图 1），2014 年到 2016 年，重庆市接待海内外游客人数逐年增加，虽然 2015 年的增长率略有下调，但在 2016 年其增长率达到 15.10%，累计接待海内外游客 4.51 亿人次。

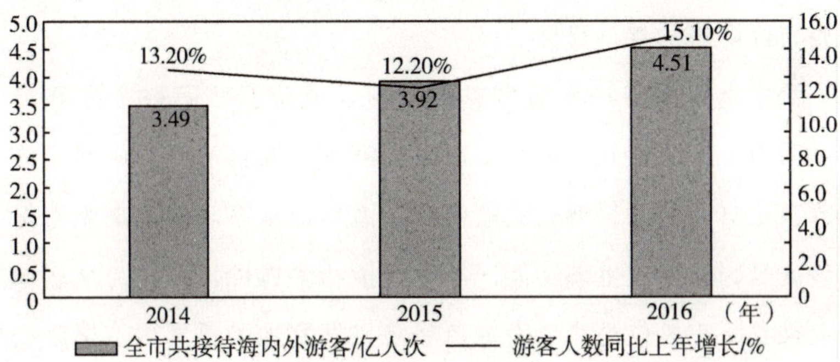

图 1　重庆市全年共接待海内外游客人数及增长率

此外，从旅游总收入及增长率（图 2）来看，虽然在 2015 年，其增长率较 2014 年下调了 0.7 个百分点，但在 2016 年，其增长率达到 17.5%，同比 2015 年上调了 5 个百分点，创造的总收入达到 2645.21 亿元。

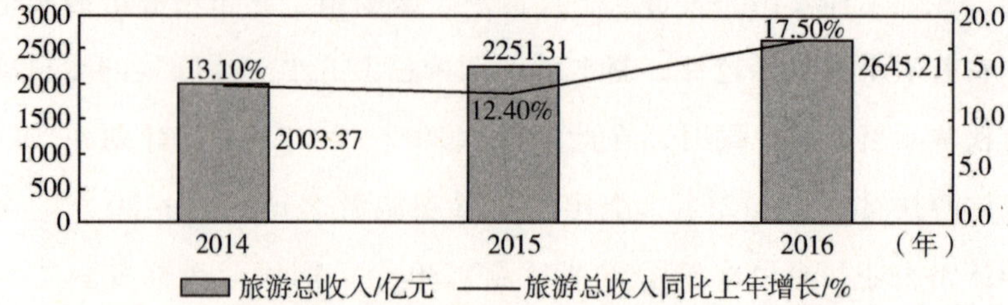

图 2　重庆市旅游总收入及增长率

（二）生态发展区：旅游人数增幅显著

渝东北生态涵养发展区由万州、开县、梁平、云阳、奉节、巫山、巫溪、忠县、垫江、丰都、城口等 11 个区县组成，既是三峡库区，又是秦巴山连片特困地区。发展区在推动其生态发展的同时，提出了要增强城口、云阳、奉节、巫山、巫溪等国家重点生态功能县生态产品的供给能力，以及构建奉节—巫山—巫溪—城口特色旅游经济带的规划目标。

渝东南生态保护发展区辖黔江区、武隆县、石柱土家族自治县、秀山土家族苗族自治县、酉阳土家族苗族自治县、彭水苗族土家族自治县六区县，地处武陵山脉，系乌江水系。渝东南生态保护发展区是国家重点生态功能区与重要生物多样性保护区，从区域定位上来看，它不仅是武陵山绿色经济发展高地、重要生态屏障、生态民俗文化旅游带和扶贫开发示范区，它也是全市少数民族集聚区；此外，全区以贺龙领导的红三军和革命先驱赵世炎为代表的红色旅游文化较为浓厚。

从图 4 中，我们可以看到渝东北生态涵养发展区和渝东南生态保护发展区的旅游人数同比增长率在重庆市五大功能区域据前两位，虽然从五大功能区域旅游接待情况的人次总数目（图 3）来看，仍处在较为落后的地位，但其增长率以及发展速度是有目共睹的。

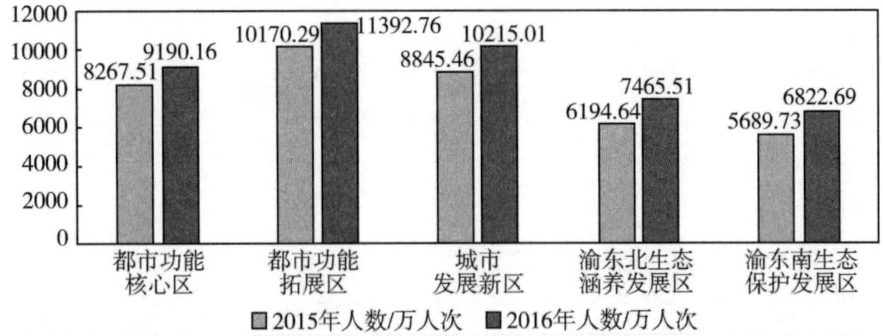

图 3　重庆市五大功能区域旅游接待情况

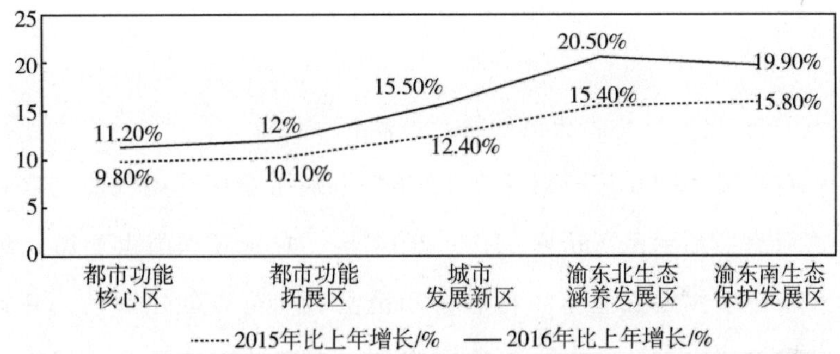

图 4　重庆市五大功能区域旅游人数同比上年增长率

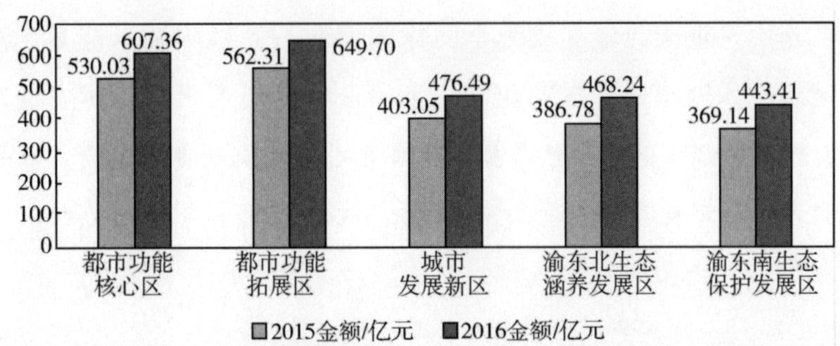

图 5　2015—2016 年重庆市五大功能区域旅游收入情况

此外，从图 6，我们可以看到，渝东北生态涵养发展区和渝东南生态保护发展区的旅游收入同比上年增长率也是占据全区前两位，2016 年更是突破了 20%。

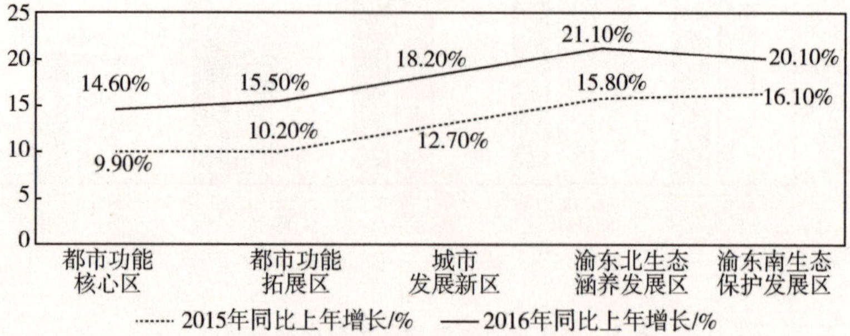

图 6　2015—2016 年重庆市五大功能区域旅游收入同比上年增长率

（三）乡村旅游：为旅游扶贫提供有力保障

农业部、国家旅游局于 2010 年便开展了全国休闲农业与乡村旅游示范县和示范点认定工作。2014 年，农业部和国家旅游局继续开展全国休闲农业与乡村旅游示范县、示范点创建活动，并且经基层单位申报、地方主管部门审核、专家评审和网上公示等程序，最终认定 37 个县（市、区）为全国休闲农业与乡村旅游示范县，以及 100 个点为全国休闲农业与乡村旅游示范点。

其中，重庆武隆县成为全国休闲农业与乡村旅游示范县；涪陵区南沱休闲观光生态农业园、铜梁区巴岳山玄天湖休闲农业与乡村旅游示范园区、开县奇圣现代观光农业生态产业园、合川区铜梁洞森林公园友缘山庄则入选全国休闲农业与乡村旅游示范点。

（四）旅游扶贫：精准扶贫，多元化发展

重庆乡村旅游扶贫信息网由重庆市扶贫开发办公室主管，重点介绍重庆市扶贫开发办公室在推动乡村旅游扶贫过程中的政策、动态信息以及成果。

内容方面，网站共介绍了 8 个重庆市扶贫乡村旅游示范乡镇（图 7），点击之后，便可直接访问重庆乡村旅游电子商务扶贫服务平台——《重庆村游网》，网友或游客可以根据自己的需求，享受民宿一键下单等一系列服务。

图 7　重庆乡村旅游扶贫信息网页面

（扶贫乡村旅游示范乡镇）

此外，网站还介绍了 21 个扶贫乡村旅游区县，以专题形式对每一个区县进行介绍：包括乡村路线攻略，特色农产品，特色农家乐等（图 9）。

乡村旅游是重庆的第一扶贫骨干产业。2015 年 1 月至 10 月，重庆乡村旅游接待游客超 1 亿人次，同比增长 13.2%，乡村旅游总收入约 200 亿元，同比增长 13.5%。

2016 年，全市启动 110 个贫困村和高山生态扶贫搬迁点乡村旅游扶贫项目建设，整合投入资金 2.85 亿余元，其中乡村扶贫专项资金 6000 万元；参与项目农户达到 10403 户，其中建卡贫困户 2391 户；新发展农家乐接待户 3993 户，累计全市发展的接待农

图 8 重庆乡村旅游扶贫信息网页面

（扶贫乡村旅游区县）

户达到 15000 户；2016 年，乡村旅游旅游接待直接收入达到 36. 14 亿元，实现利润 10. 22 亿元，户均收入达到 6. 8 万元。

（五）电商扶贫：让贫困村与市场有效对接，农户纳入电商体系

2014 年 9 月重庆乡村旅游电子商务扶贫服务平台——《重庆村游网》上线营运。《重庆村游网》集中收录各区县农家乐，同时网站不断地推动所有农户、酒店、乡村景区、土特产等数据全部上网，对乡村旅游产业链条进行垂直整合。

2015 年，重庆实施电商扶贫，在贫困村组件电商扶贫合作社，与 2014 年开始运营的扶贫电商平台成为一个系统，形成线上

图9 重庆乡村旅游扶贫信息网页面

（扶贫乡村旅游区县具体页面——以綦江县为例）

线下相结合的“互联网＋扶贫”的模式，其中，电商扶贫的主要做法按照公司制＋合作制、专业电商＋贫困农户、网络销售＋定制生产、优质产品＋优质市场、线下体验＋网上预订等五个思路进行。

网络平台是公司，专门做农产品网上销售、包装、推广、活动策划等，单个电商村是合作社和合作社为基础的股份合作制公司，合作社社员是贫困村的农户，目的就是要让贫困农户纳入电商体系中。在此过程中“互联网+扶贫”按照专业化理念，发挥人的主观能动性和特长，发挥优势。

三 各区县自主实践，探索多元扶贫模式

（一）合川：古镇+原住民模式带动乡村旅游

合川区通过古镇开发带动了当地道路、通信、绿化等基础条件的完善，也带动了当地乡村旅游的发展。截至2016年9月，合川已建农家乐123家，有11家评定为星级农家乐，旅行社（门市部）19家。每年接待休闲旅游的人数超过150万人次，乡村旅游综合收入达到2.7亿元。同时，直接安置以农民为主的从业人员1.5万人，其中农民工1000人，年均收入近2万元。休闲农业和乡村旅游从业农民人均收入高于全区农民人均纯收入40%。

古镇的下一步战略是，将引入投资企业，对古镇进行升级改造，同时加大文创、民宿等旅游业态发展，让周边村民进一步融入古镇旅游发展之中。

（二）开州：一对一帮扶制度——发展以户为单位的特色农家

开州区实行每位区处级以上领导重点联系一个贫困村，实行一对一帮扶制度，制定了《关于加快发展乡村旅游的意见》，印发了《开县乡村旅游发展扶持办法》《关于加快休闲农业与乡村旅游示范点建设》《2016年全县脱贫攻坚工作要点》等系列制度措施，指导规范全区新时期乡村旅游扶贫工作。

充分挖掘生态优势，依托原生态、大森林、乡土美食、乡土文化，充分发动全县农业企业和合作社，大力发展以户为单位具

有各自特色的农家。

（三）綦江县：基础建设提升农家乐接客条件

经过政府的投入，綦江县积极开展改危房、收垃圾、净饮水、拉宽带，已新建公路54公里，修建人行道21公里。

綦江县海拔在800—1973米，属亚热带湿润季风气候，夏凉秋爽，四季分明，年均气温15℃，夏季气温25℃。目綦江全县的乡村旅游接待点森林覆盖率达65%，此外，该区已形成了一批以黑山谷·龙鳞石海、古剑山、东溪古镇、白云观等为代表的核心精品景区。有接待能力的农家乐达500余家，日接待能力1.5万人。

（四）石柱县：基本形成乡村旅游支柱产业地位

石柱县充分依托丰富的资源优势，围绕乡村建筑、乡村田园风光、乡村手工艺品，实践体现田园风光的观光型乡村旅游产品，开发“住农家屋、吃农家饭、干农家活、享农家乐”的休闲体验型乡村旅游品牌，培育了一批农林特色特产品和旅游商品，乡村旅游支柱产业的地位基本形成。

通过发展乡村旅游，形成以农家乐为中心的产业链，推动农村产业分工，进而拓展到农家乐经营，种植、养殖业，农副产品加工，运输业以及相应设施的装修建筑等，这为当地居民提供了广泛的就业平台，实现了“既不离乡，又不离户”的就业模式。

目前，全县围绕乡村旅游建成特色旅游农产品加工厂（合作社）3个，将特色农产品包装加工销售，年销售额达到2000万元，全县建成乡村旅游农产品销售市场5个。

参考文献：

[1] 李莉：《重庆旅游扶贫问题及提升对策研究》，《现代商贸工业》2013 年第 18 期。

[2] 蒋述东：《重庆贫困地区旅游扶贫之政府行为研究》，《重庆第二师范学院学报》2014 年第 5 期。

[3] 黄葵：《重庆渝东南地区乡村旅游扶贫对策研究》，《重庆第二师范学院学报》2014 年第 6 期。

[4] 秦远好、马亚菊、刘德秀：《民族贫困地区居的旅游扶贫影响感知研究——以重庆石柱县黄水镇为例》，《西南大学学报》（自然科学版）2016 年第 8 期。

[5] 汪章飞：《武陵集中连片贫困地区旅游扶贫发展分析——以重庆武隆为例》，《重庆与世界》2013 年第 3 期。

[6] 向勇、刘静：《中国文化创意产业园区实践与观察》，红旗出版社 2012 年版。

[7] 杨莹：《云南省旅游业发展对就业的影响研究》，硕士学位论文，北京交通大学，2014 年。

[8] 冯伟林：《重庆武陵山片区旅游扶贫中贫困人口受益模式研究》，《改革与开放》2016 年第 3 期。

精准扶贫的"铜仁模式"

新华社中国经济信息社　贵州省铜仁市人民政府

贵州省铜仁市位于武陵山区腹地，辖8个县2个区，均纳入武陵山片区区域发展与扶贫攻坚规划。铜仁市结合实际，避免扶持措施"脱靶"，帮助贫困户"斩断穷根"，探索出了在全国推广的"铜仁模式"，发展成果更多更好地惠及当地贫困民众。

一　扶持对象精准

（一）贫困人口建档立卡

铜仁通过开展精准扶贫建档立卡工作，对贫困户、贫困村进行精准识别，改"大水漫灌"为"精准滴灌"，不断提高农村贫困人口基本生活保障水平，持续有效增加贫困农户收入，增强自我发展能力，稳定解决温饱并实现脱贫致富。铜仁贫困人口建档立卡基本步骤如下（图1）：

第一步：规模分解。参照《贫困人口规模分解参考办法》，将贫困人口识别规模逐级分解。

第二步：初选对象。农户自愿向村委会提出申请并填写贫困户申请书，各行政村根据贫困农户的申请召开村民代表大会进行民主评议，并做村民代表大会民主评议会议记录，形成初选名单，同时由乡（镇）人民政府组织村委会、驻村工作队和大学生志愿者对初选的贫困户逐户调查核实，并填写《贫困农户登记

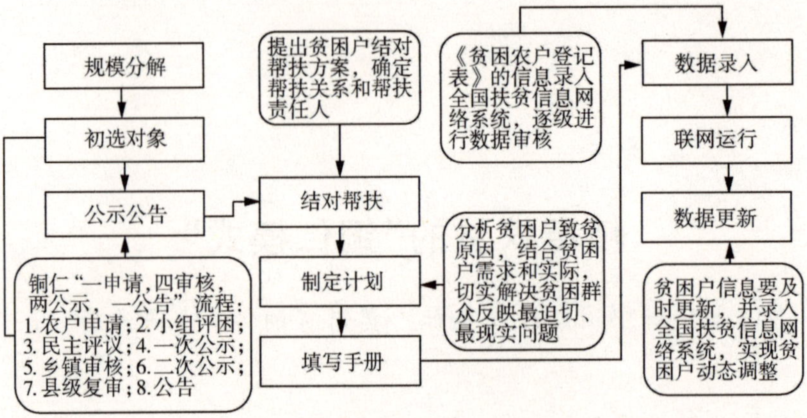

图1 铜仁市贫困人口建档立卡流程

表》后进行第一次公示，公示地点应在村民活动相对集中、知晓率较高的地方，公示时间不少于7天，经公示无异议后报乡（镇）人民政府审核。

第三步：公示公告。乡（镇）人民政府对各村上报的初选名单进行审核，确定全乡（镇）贫困户名单，在各行政村进行第二次公示，同时乡（镇）也进行公示，公示时间不少于7天，经公示无异议后报县扶贫办复审，复审结束后在各行政村及县级政府门户网站公告。

第四步：结对帮扶。提出贫困户结对帮扶方案，确定帮扶关系和帮扶责任人。

第五步：制定计划。分析贫困户致贫原因，结合贫困户需求和实际，从切实解决贫困群众反映最迫切、最现实问题，制定帮扶计划，做到帮扶到村到户。

第六步：填写手册。填写《扶贫手册》，《扶贫手册》由国务院扶贫办统一监制，省扶贫办统一印制，县扶贫办统一领取，乡（镇）人民政府负责发放，贫困户、村委会各执一册，在此基础上，乡（镇）要建立贫困户登记簿。

第七步：数据录入。将《贫困农户登记表》的信息录入全国扶贫信息网络系统，逐级进行数据审核。

第八步：联网运行。

第九步：数据更新。贫困户信息要及时更新，并录入全国扶贫信息网络系统，实现贫困户动态调整。

（二）建档立卡“回头看”

为了进一步完善精准扶贫建档立卡工作，精确查准和核实扶贫数据，提高扶贫精准度，切实做到“真扶贫、扶贫真”，铜仁市进行了精准扶贫建档立卡“回头看”工作，主要内容包括：

一是数据复核。对已录入的贫困人口数据进行了复核，及时更新。

二是全面核查。通过“以支定收”方式对已确定的贫困人口进行全面入户调查，对人均纯收入超过2300元（2010年不变价）的，将其退出系统，对真正贫困的农户将其纳入系统，提高识别的精准度。

三是乡为单位，创建示范。各区县以乡（镇）为单位，集中力量进行全面清理，入户调查、完善基础数据、基本情况、帮扶计划，扶贫手册等纸质档案，并按调查情况，重新录入，建立示范，并全面推开，进一步完善建档立卡，确保数据的准确。

四是网上核查。积极开展部门配合，通过与财政的财政供养人员登记，住建的商品房登记、公安的车辆登记、工商的工商户注册登记对比，将以上四类人员约12万人，全部从信息库中清除，从而使贫困人口的识别更加精准。

五是拉网清查。通过拉网清查，对人均纯收入超过2968元的已建档立卡人口全部清除，对确实贫困的农户全部纳入，特别是低保中未纳入贫困人口的一般保障户，符合标准的全部纳入贫困人口给予扶持，确保不漏一户，提高识别的精准度，使真正贫困农户得到扶持。

二 项目安排精准

根据贫困户和贫困人口的实际致贫原因，有针对性地安排项目，做到“因人因地施策，因贫困原因施策，因贫困类型施策”。对实际存在多种致贫原因的贫困户，安排跟进相应的项目组合，区别不同情况，做到对症下药。

（一）基础设施建设扶贫

“十三五”规划针对基础设施建设扶贫工作提出“扩大贫困地区基础设施覆盖面，因地制宜解决通路、通水、通电、通网络等问题。”

贵州省铜仁市把基础设施到村到户作为扶贫开发的先决条件，实施“六个小康”行动计划，全面解决制约贫困地区基础设施建设“最后一公里”问题。

1. 小康路建设

铜仁市通过加快构建“内联外通、通村畅乡、班车到村、安全便捷”的农村交通运输网络，提升农村贫困地区交通通达水平，帮助解决贫困户货物流通问题。

2015 年，铜仁市交通运输覆盖贫困户总量较 2014 年增长 41.50%，交通运输覆盖贫困户比例为 85%，同比增长 73.50%。2011 年至 2015 年，铜仁市乡村道路建设完成投资金额见图 2。五年内共计投资 61.17 亿元，从 2011 年的 4.74 亿元增长至 2015 年的 21.65 亿元，年平均增长率 46.19%。

根据编制完成的铜仁市农村公路建设“十三五”规划，规划期内需要建成建制村通沥青（水泥）路 4008 公里，沟通建制村 687 个，撤并建制村通硬化路 1380.20 公里，到 2020 年实现建制村通畅率达 100%；开通 366 个建制村客运班线，到 2020 年实现

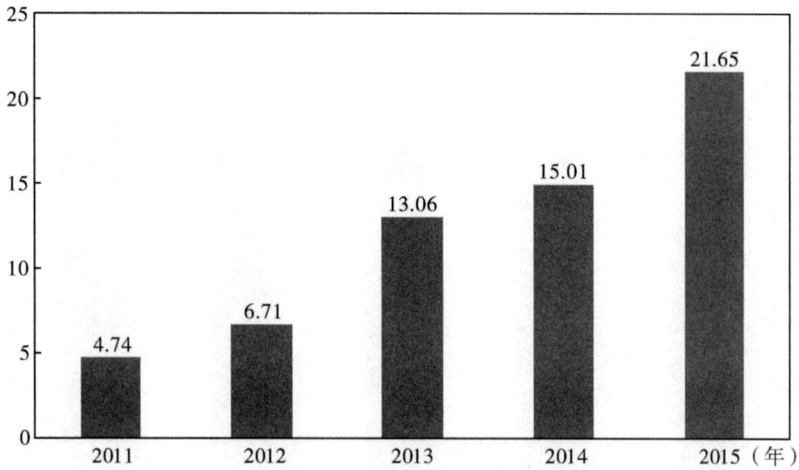

图 2　铜仁市乡村道路完成投资金额（亿元）

建制村通客运比例达 100%

2. 小康水建设

小康水建设工程主要解决工程性缺水并且着力发展民生水利，进行防洪抗旱减灾和水资源保护，保障经济社会发展和生态文明建设对水资源的需求，合理开发水资源并进行综合利用。

针对贫困人口饮水安全和贫困地区工程性缺水问题，铜仁市部署实施水利建设“三年行动计划”，支持贫困地区重大水利工程、病险水库水闸除险加固、灌区续建配套与节水改造等水利项目建设，小型农田水利、“五小水利”工程等建设向贫困村倾斜。计划到 2020 年，有效灌溉率达到 40% 以上、农村自来水普及率达到 85% 以上。

2011 年至 2015 年，铜仁市水利建设完成投资金额见图 3。五年内，共计投资 83.78 亿元，从 2011 年的 12.72 亿元增至 2015 年的 22.64 亿元，年平均增长率达 15.50%。

3. 小康电建设

铜仁市结合完善扶贫对象建档立卡工作，梳理贫困区域电网

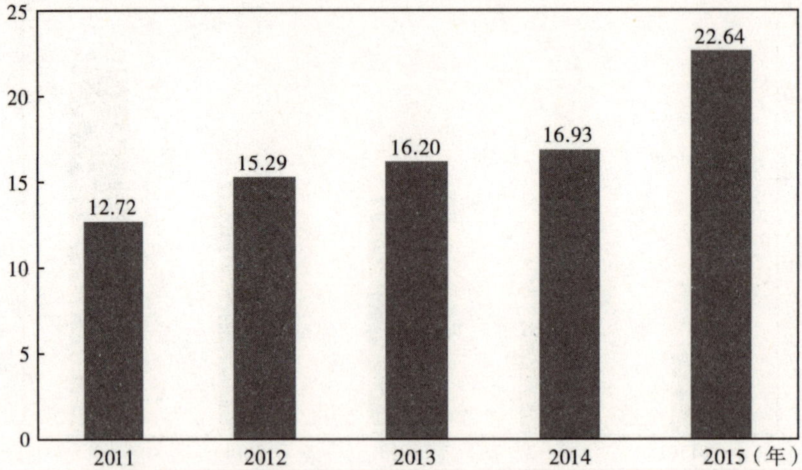

图 3　铜仁市水利建设完成投资金额（亿元）

现状，着力解决农村电网存在的电压偏低、供电能力不足等问题，结合实际情况，根据轻重缓急，逐年立项解决。

农村贫困地区电力基础设施仍需不断完善，确保每个县建成一座 220kV 变电站、两座 110kV 变电站供电；改造电网计量装置，完成户表轮换，加装负控终端等设备，实现同网同价；推广完善网上缴费、银联代扣等互联网缴费模式，减轻城乡居民负担，实现用电公共服务均等化。

2011 年至 2015 年，铜仁市电力建设完成投资金额见图 4。五年内，共计投资 38. 90 亿元，2011 年完成电力投资金额最多，达 16. 04 亿元，2012 年以来电力建设完成投资金额相对稳定。

4. 小康讯建设

为提高农村贫困地区通讯服务水平，铜仁市推进实施“资金筹措”工程、“光网铜仁”工程、“满格铜仁”工程、“宽带乡村”工程等四个信息建设工程，旨在建设行政村通宽带，提高农村 4 兆以上宽带接入能力、光纤覆盖家庭能力以及家庭宽带普及率，力争实现移动网络城市及乡（镇）全覆盖。

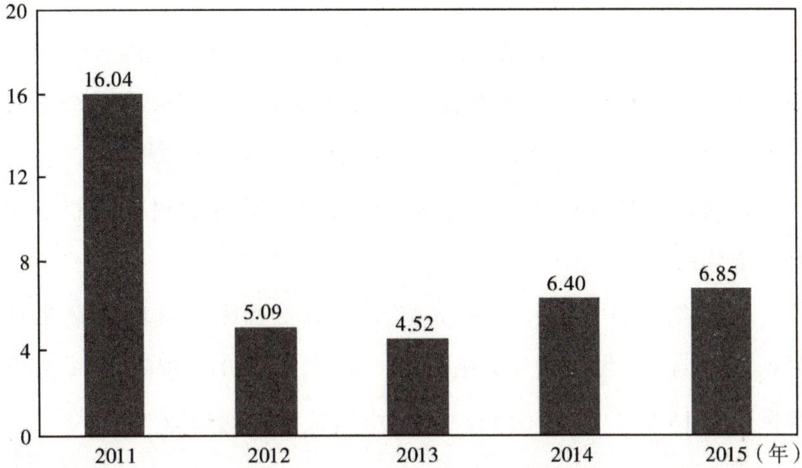

图 4　铜仁市电力建设完成投资金额（亿元）

2011 年至 2015 年，铜仁市通信建设完成投资金额见图 5。五年内，共计投资 4.64 亿元，其中 2014 年通信建设完成金额最高达到 1.90 亿元。

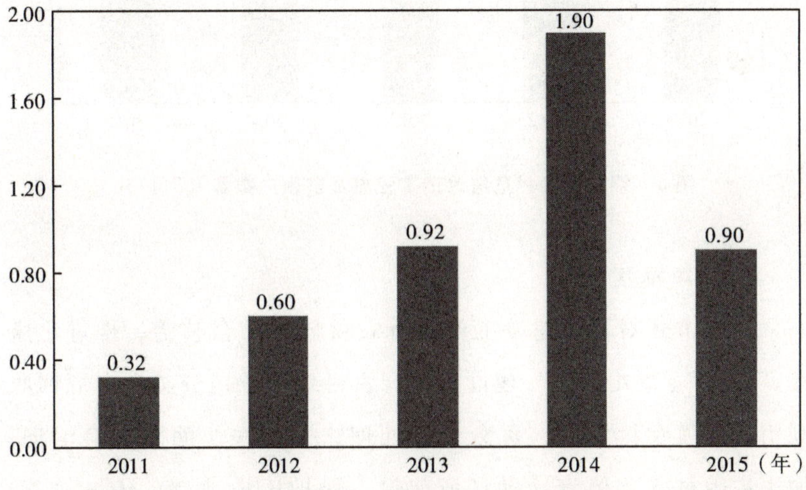

图 5　铜仁市通信建设完成投资金额（亿元）

5. 小康房建设

铜仁市围绕建设安全适用、经济美观的小康房，推进农村集中建房和新农村建设，改善贫困群众居住条件。同时，对全市农村极贫户危房进行建档立卡，建立政府“兜底”保障制度，着力解决农村最困难群众和最危险房屋的改造，确保农村极贫户能住上安全住房。

2011 年至 2015 年，铜仁市危房改造工程惠及贫困户数量见图 6。五年内，共计惠及贫困户 24. 24 万，从 2011 年的 4. 31 万户增长至 2015 年的 5. 29 万户，年平均增长率达到 5. 26% 。

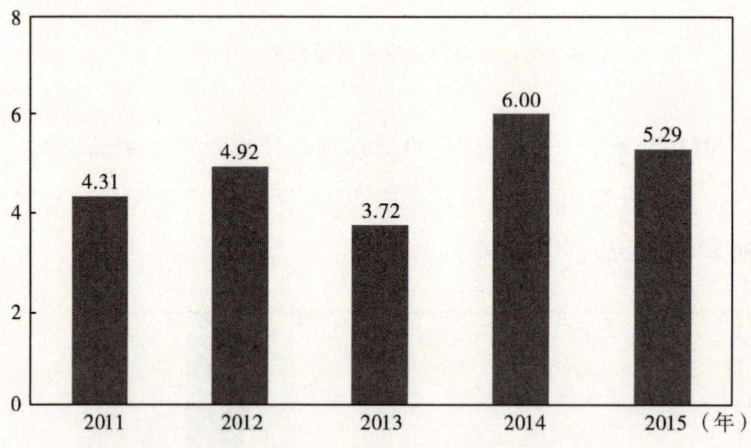

图 6　铜仁市农村危房改造工程惠及贫困户数量（万户）

6. 小康寨建设

铜仁市针对村寨建设工作进行农村环境综合整治，推进小康寨“五化”、“九工程”建设，推行农村垃圾就地分类和资源回收利用，加强农村污水、畜禽粪便处理，进行农业面源污染治理，加快贫困村文化体育活动场所建设，保护历史遗迹、传统村落、古树名木等人文自然景观。到 2017 年累计实施小康寨 1754 村，到 2020 年彻底改变全市农村贫困落后的面貌，实现全面小康。

（二）林业生态扶贫

根据典型山地的情况，铜仁市不断推进美丽乡村建设和退耕还林、天然林资源保护、石漠化治理、通道绿化、裸露山体生态修复治理等工程建设以及现代农业园区、“三个万元”工程建设。

2015 年铜仁市退耕还林面积为 7.45 万亩，拥有林业特色扶贫产业基地 13.77 万亩，林业生态带动农村贫困人口约为 86.45 万人。预计在 2017 年实现全市新增营造林面积 200 万亩以上，其中：退耕还林（或种植结构调整）面积 80 万亩以上，林业特色扶贫产业（茶叶、油茶等经果林和竹子、杉木等多功能林）基地面积 100 万亩以上；林业产值达到 60 亿元；林区贫困人口产业扶贫惠及率达 50% 以上；宜林荒山得以全面造林绿化，森林覆盖率达到 60% 以上。到 2020 年，全市新增营造林面积 360 万亩以上，其中，退耕还林（或种植结构调整）面积 240 万亩以上，林业特色扶贫产业（茶叶、油茶等经果林和竹子、杉木等多功能林）基地面积 240 万亩以上；林业产值达到 100 亿元；林区贫困人口产业扶贫惠及率达 100%；全市森林质量得以全面提升，森林覆盖率达到 65% 以上。

（三）易地搬迁扶贫

铜仁市实施易地搬迁扶贫，引导移民向现代农业产业园区、工业园区、旅游景区、小城镇、重要交通枢纽和农村集中建房规划点搬迁，为符合条件的搬迁户提供建房、生产、就业培训、创业贴息贷款等支持，解决好移民住房、医疗、社保、子女就学、户籍、社区管理等问题，确保贫困户搬得出、有事做、稳得住、能脱贫。

2015 年，铜仁市拥有移民搬迁专业产业园区 4 个，县域及县城规划 2 个，43 个扶贫移民搬迁小城镇，扶贫移民搬迁重点景区

2个。“十三五”时期，铜仁市计划实施扶贫移民搬迁30万人，其中搬迁贫困人口24万人、搬迁生态脆弱区人口6万人。

（四）教育扶贫

铜仁市把教育作为“拔穷根”的治本之策，按照“精准资助，应助尽助”的原则，完善学生资助政策体系，解决农村家庭经济困难学生上学期间费用负担问题，不让农村学生因家庭经济困难而失学，提高农村贫困家庭人口受教育水平，提升全民文化素质。通过实施“四项突破”工程和教育“9+3”计划，推进义务教育均衡发展和基本普及十五年教育，同时继续压减6%的行政经费用于支持教育，各级教育经费继续向贫困地区倾斜，阻断贫困代际传递。

为落实贫困户子女就读高中，2015年“两助三免”资金投入6459万元，帮扶贫困学生32295位。2011年至2015年，铜仁市普通高中“两助三免”惠及人数见图7。

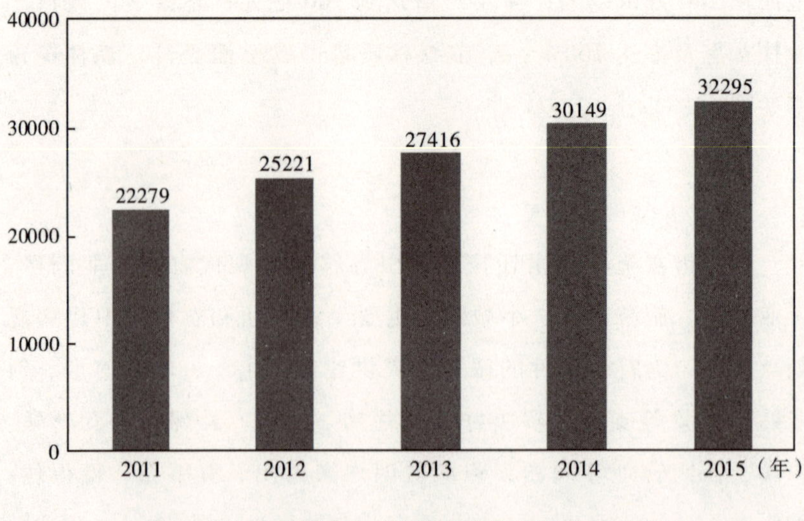

图7 铜仁市普通高中“两助三免”惠及人数（人）

自2011年起，通过实施“中职助学金”“中职免学费”资助项目，每年接受资助的人数不断上升，截至2015年共计帮扶中职学校113263人。2011年至2015年，铜仁市中职学校“两助三免”惠及人数见图8。2015年“高校助学金”资助项目共资助6882人，五年时间共资助25536人。中职和高校的新增扶贫专项助学金和免（补）相关费用的资助政策，让贫困学子安心就学，不让一户脱贫户因学返贫，不让一个学生因贫失学。

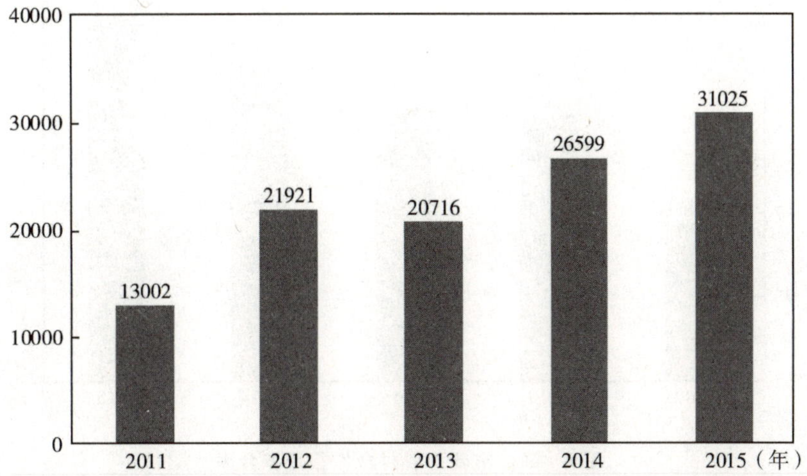

图8 铜仁市中职学校“两助三免”惠及人数（人）

此外，铜仁市推进资源合理配置，全面改善贫困地区农村义务教育薄弱学校办学条件，实施贫困乡村教师支持计划，特岗计划、国培计划向贫困地区倾斜，补齐贫困地区教育短板。同时大力发展职业教育，深入实施职教扶贫“1户1人计划”和“雨露计划”，帮助贫困家庭子女培训就业。

（五）医疗健康扶贫

根据习近平总书记视察贵州时关于扶贫工作“通过医疗救助扶持一批”的重要指示，铜仁市通过开展医疗保险和医疗救助推进扶贫工作，实施健康扶贫工程，保障贫困人口享有基本医疗卫生服务，构筑全民医疗保险、大病保险、医疗救助“三重医疗保障”，降低贫困地区群众就医费用，努力防止因病致贫、因病返贫。

从2011年起至2015年，新型农村合作医疗参合率由96.88%上升至99.28%，提高了2.40个百分点，已基本实现新型农村合作医疗全覆盖。具体见图9。

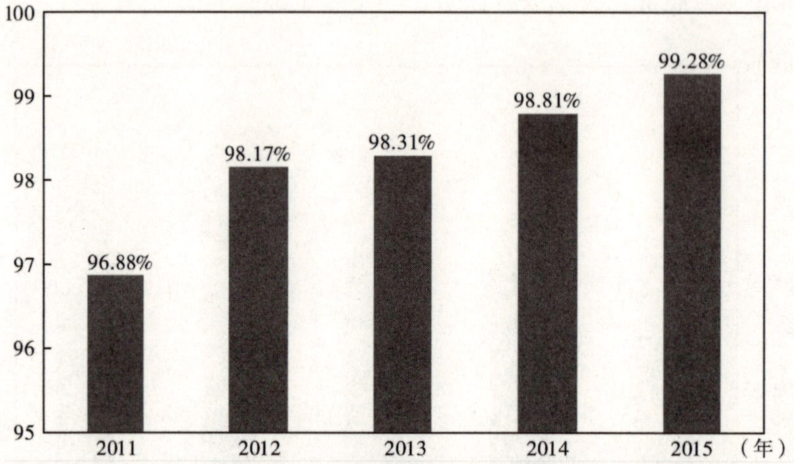

图9 铜仁市新型农村合作医疗参合率

三 资金使用精准

（一）扶贫资金使用

资金使用精准作为“六个精准”的重要基础保障，其核心要义就是要保证资金精准投放到贫困村和贫困户，确保财政专项扶贫资金精确用于扶贫对象。

在总结实际工作经验教训和反复论证的基础上，铜仁市在健全扶贫资金管理体制机制上“破题”，提出了“财政扶贫资金撬动放大金融资金创新改革”“扶贫开发项目资金利益联结机制扶持模式创新改革”“财政扶贫项目资金报账体制创新改革”等改革课题，将过去产业扶贫“融资难”变为“融资易”、过去扶贫项目与贫困户利益联结单一变为多元化、过去县级报账制变为乡级报账制，使报账流程更简便、更便民。

铜仁市财政专项扶贫资金的使用坚持“六个必须”原则。一是必须坚持目标、任务、资金和权责“四到县”原则；二是必须坚持集体讨论的原则；三是必须坚持规范运作、程序管理的原则；四是必须坚持“乡（镇）申报、县级审批、乡村实施、乡（镇）初验、县级验收、乡级为账，五公告二公示”的运作体系原则；五是必须坚持抓“大”（指产业扶贫）不放“小”（指产业培育和扶持到村到户）、规范利益联结机制的原则；六是必须坚持主体责任、“一岗双责”、接受监督的原则，切实做到公开透明、阳光扶贫、公正扶贫、廉洁扶贫。

2015 年，铜仁市共争取中央和省级财政专项扶贫资金项目 247 个，资金 76044.80 万元。直接用于扶持贫困户项目资金 56002.11 万元，占总资金的 73.64%；直接用于贫困村项目资金为 49882.10 万元，占总资金的 65.60%。

2015 年度铜仁市共安排市级专项扶贫资金 12552 万元，占本级中央和省级财政专项扶贫资金的比例为 15.22%，比上年增加 2093 万元，同比增长 20.01%；2015 年预算安排财政扶贫工作经费 2800 万元，占本级中央和省级财政专项扶贫资金的比例为 3.50%。2014 年至 2015 年，铜仁市财政专项扶贫资金到户、到村的情况及比例具体见图 10。

（二）扶贫资金监管

为保障扶贫项目资金发挥最大效益，不断优化扶贫项目资金使用，必须有效地加强扶贫资金的监督管理，并将监管贯穿于扶贫资金管理、使用全过程。

信息公开和公告公示制建设方面，铜仁市各区县对下达到该地的每一批次财政扶贫资金项目进行了公告公示，到村到户项目

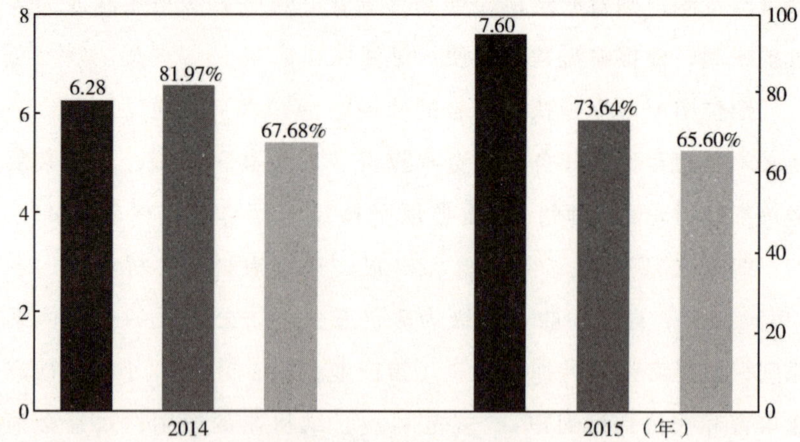

图10　铜仁市财政专项扶贫资金使用情况

在所在行政村进行了公告公示，并接受群众的监督，提高财政扶贫资金项目的知晓率。

根据国务院第三次廉政工作会议的精神，铜仁市在全市扶贫领域开展“整治铸廉三年”行动。紧紧围绕贫困地区经济社会发展和反腐败工作任务，针对扶贫政策落实特别是扶贫项目资金管理使用中的突出问题，整治损害贫困群众切身利益的不正之风，严肃查办发生的腐败案件，保障扶贫项目资金管理清明，构建使用廉洁的防护墙和监管有力的安全网。

围绕推动“精准扶贫”各项政策措施的落实、科学管理和安全使用扶贫资金、顺利实现与全国全省同步小康的奋斗目标，抓住扶贫项目资金监管这个核心，监督检查项目的申报和审批、资金拨付和报账、项目实施和验收等环节中的突出问题，严肃查处贪污侵占、虚报冒领、挤占挪用、公款消费、损失浪费、滞留闲置、随意调项、违规招标，以及借管理扶贫项目资金职权便利违规收费增加群众和企业负担、收受贿赂为他人谋取利益等违规违纪违法问题，完善扶贫项目资金监管机制和制度。

同时，铜仁市针对财政专项扶贫资金的到位、拨付、报账及项目申报、录入、实施等工作推进情况进行交叉检查以及财政扶贫资金绩效考评自查自评工作，进一步加强和规范财政扶贫资金项目使用和管理，提高资金使用效益。

四　措施到户精准

扶贫措施精准到户是打赢精准扶贫攻坚战的关键。安排针对性的帮扶项目和支持资金之后，接下来的难题就是如何把资源进行有效的组合配置，如何结合贫困户的具体情况推出合适的项目运作模式，从而帮助贫困户进行项目执行，避免贫困户与项目脱节或不能持续从项目中受益的情况发生。这就要求制定精准的到户措施，解决项目到不了户或到户效率低的问题。

（一）产业和就业扶贫

近年来，铜仁市以产业化扶贫为主线，坚持做大做强扶贫主导产业，实现农业产业融合发展。发展劳务经济，充分发挥农业现代化、新型工业化、文化旅游和村级集体经济在产业扶贫中的基础作用和引领作用，推动产业结构合理科学布局、脱贫路径措施精准具体，激活产业和就业对贫困人口的扶持带动作用，加快脱贫致富奔小康。

2015 年，全市争取到位产业化扶贫项目专项资金 2.20 亿元，实施产业化扶贫项目 64 个。

1. 发展现代山地高效农业

围绕大生态、大健康、大产业理念，铜仁市不断推进生态茶产业、生态畜牧业、中药材、食用菌、精品水果等产业规模化、标准化、专业化、集约化发展。拓展农业外延和范围，做大做强农产品加工业、医药大健康产业、休闲农业与乡村旅游，促进产业链增值收益留在产地、留在农民，实现富民产业到村到户到人。

按照“集中连片栽、集中连片种、集中连片养、加工进园区”的思路，推动区域化布局、规模化种养、标准化生产、产业化经营、品牌化营销，做好生态茶、中药材、精品水果、生态畜牧业等扶贫特色优势产业，带动贫困人口家庭提高经营收入。

扶持贫困乡（镇）规划建设现代农业园区，实现园区乡（镇）全覆盖。深入推进“园区景区化、农旅一体化”，以“三个万元”工程为载体、以“七进园区”为抓手，推进“园区景区化、农旅一体化”建设，大幅提升园区的装备水平、科技水平、产业化水平和景区化水平，打造园区升级版，推动农业园区一、二、三产业融合发展，使贫困群众获得更多的农业增值收入。对200亩以上的连片土地规划建设为乡（镇）扶贫产业园区，实现园区乡（镇）全覆盖，将主导产业做成规模，逐步形成乡（镇）一主多辅的“1+X”产业体系。

依托园区发展旅游观光、休闲度假、养生养老等健康产业。实行整村、数村、整乡、数乡连片开发，培育一批万亩产业乡（镇）、10万亩（10万头、10万只）连片产业带，以区（县）为单位，把生态茶、生态畜牧业、中药材、精品水果、生态畜牧业等产业培育成为“十亿级”产业，覆盖50%的贫困乡（镇）、70%的贫困村和80%的贫困人口。

2011年至2015年，铜仁市通过种养业共扶持农村贫困人口27.32万人，通过加工业扶持农村贫困人口共计9.70万人。2011年至2015年，铜仁市种养业扶持和工业扶持的具体人口数量见图11和图12。

2. 实施乡村旅游扶贫

乡村旅游扶贫方面的措施主要有四个：一是实施乡村旅游培训工程，提升乡村旅游从业人员技能；二是引导旅游规划，指导旅游村寨的公共服务设施建设；三是指导精品民宿建设和精品旅

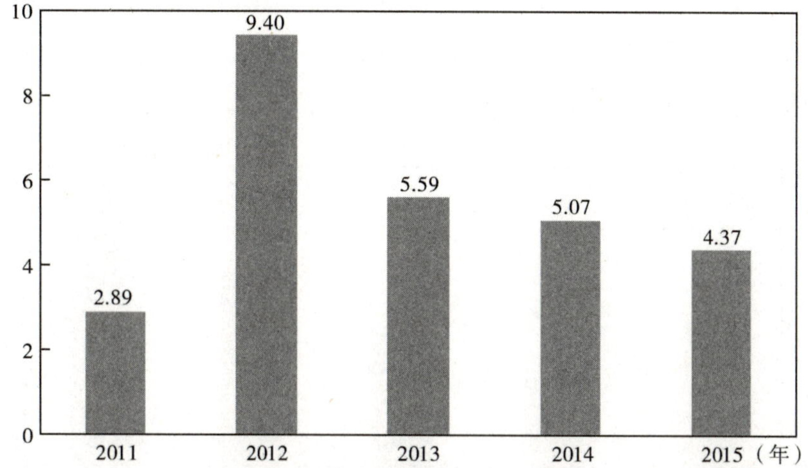

图 11　铜仁市种养业扶持贫困人口（万人）

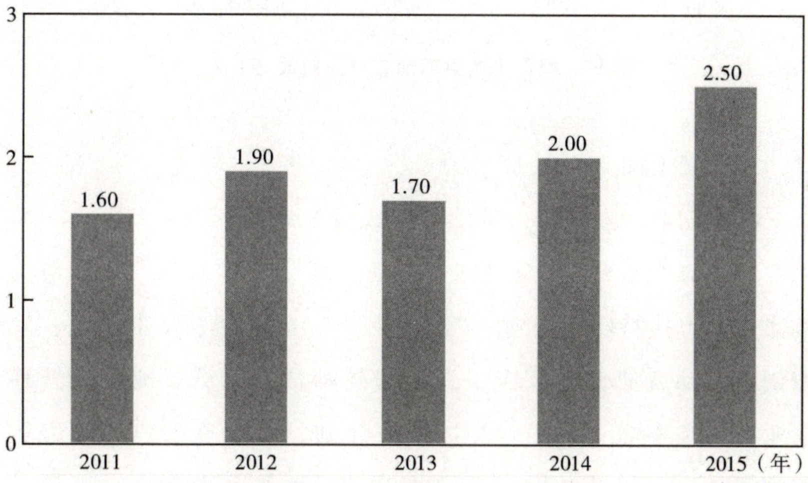

图 12　铜仁市加工业扶持贫困人口（万人）

游线路的打造；四是开发休闲观光、农事体验、民俗体验、农产品采摘等乡村旅游产品。

近年来，通过生态旅游建设扶持农村贫困人口的数量在逐年增加。2015 年铜仁市通过生态旅游建设扶持贫困人口的数量达到

9.41 万人，同比增长 24.97%。五年间生态旅游建设扶持贫困人口的数量增长了一倍。2011 年至 2015 年，铜仁市靠旅游带动的农村人口数量的具体情况见图 13。

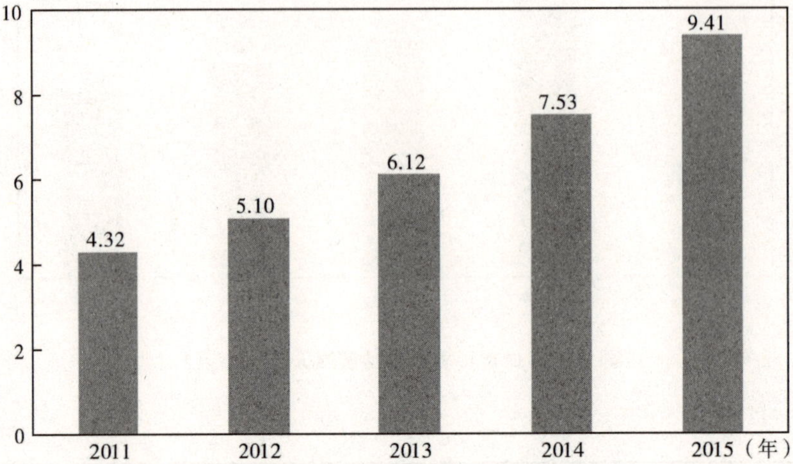

图 13　铜仁市旅游带动农村人口数（万人）

3. 实施创业就业扶贫

实施创业就业扶持，带动贫困人员就地就近充分就业。一是以实施“雁归工程”“全民创业行动计划”和“双百”工程等为载体，大力扶持小微企业、“雁归人员”和返乡农民工创业，发挥创业带动就业倍增效应，引导和鼓励贫困人员就地就近转移就业；二是实施“1 户 1 人”培训计划，瞄准贫困户劳动力实用技能培训，提升贫困人员实用技能，增强就业能力，引导其进入园区企业、乡（镇）产业或其他产业就地就近就业；三是加大农村劳动力转移就业工作力度，促进农村贫困劳动力增收致富。

（二）农村电商扶贫

农村电商扶贫方面，探索“大数据 + 现代山地特色高效农业+旅游业”融合发展的农村电商模式，以电商促市场、以市场带基地、以基地带动农民脱贫致富，助力贫困农村产品买卖、就业创业、经济转型、精准脱贫，为贫困群众创造就业和创业机会，帮助贫困群众农产品销售，畅通“铜”货出山和网货下乡的双向通道，使电商扶贫成为全市扶贫开发的“新引擎”。

2015年铜仁市电商覆盖贫困村达到了113个，电商培训贫困人口数达到12000人次，创建地方特色优势产业淘品牌92个，同比增长50.80%。2011年至2015年，铜仁市创建地方特色优势产业淘品牌数如图14所示。铜仁市计划到2017年底实现贫困村电商扶贫驿站全覆盖，利用互联网培训150期，扶持鼓励精准扶贫建档立卡人员开网店人数不少于1000人。在阿里巴巴等第三方平台上建立铜仁特色产业专题板块和主题馆，利用大平台带动农村电子商务发展。鼓励邮政、快递企业在贫困村设立服务网点，到2017年实现物流、快递服务基本覆盖贫困村。

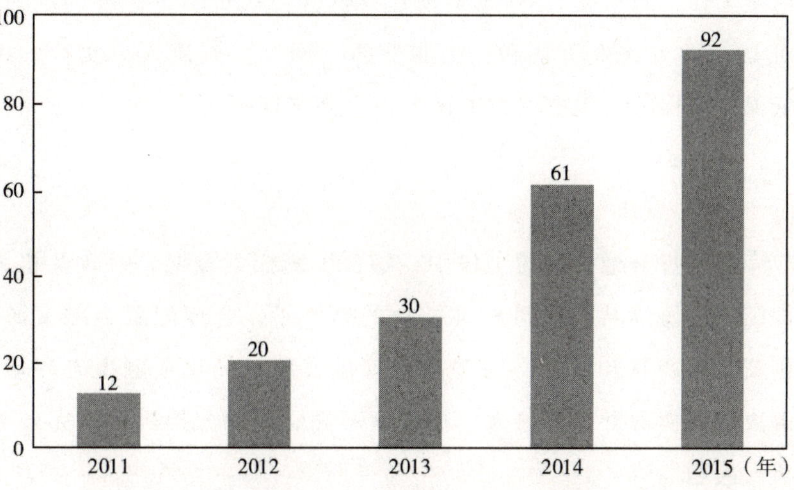

图14　铜仁市创建地方特色优势产业淘品牌数（个）

（三）社会保障兜底扶贫

社会保障兜底扶贫即实行农村最低生活保障制度兜底脱贫，完善农村最低生活保障制度，对无法依靠产业扶持和就业帮助脱贫的家庭实行政策性保障兜底。

针对社会保障兜底扶贫任务，铜仁市积极联合社会力量，发挥社会救助制度救急难、兜底线功能，织密织牢社会保障“安全网”，以有效保障农村困难群众基本生活。建立农村低保和扶贫开发信息共享平台，推动信息的及时共享，提高农村低保和扶贫开发的工作效率。加强农村贫困户和低保申请家庭经济状况的核查工作，对认定符合条件的贫困家庭做到应保尽保。

2015 年，铜仁市社会保障兜底人数 10.01 万人，比 2014 年兜底人数多 0.01 万人，同比上涨 0.10%。此外，铜仁市持续提高农村低保标准和托底保障水平，加强农村低保制度和扶贫开发的衔接工作，力争到 2020 年实现农村低保与扶贫两个标准的统一，对 19 万左右无业可扶和无力脱贫的“两无”贫困人口实行农村低保兜底保障，现有农村贫困人口全部实现脱贫。

（四）财政金融扶贫

在进行金融扶贫的工作中，铜仁不断探索金融、财政及相关部门统筹协调共同推进精准扶贫的新路子，合理配置金融资源，创新金融产品和服务，完善金融基础设施，优化金融生态环境，解决金融扶贫资金缺口大、精准度不高、风险分担机制不完备等突出问题。

加大财政金融精准扶贫力度的主要措施如下：

一是满足贫困农户发展生产的小额信贷需求。利用贫困农户建档立卡成果，以农户小额信用贷款为载体，以扶贫贴息为杠杆，以建立县级风险补偿机制为保障，以支农再贷款引导金融机构降低贷款利率，全面实施精准扶贫“精扶贷”。

二是支持农民专业合作社发展扶贫产业。对农民专业合作社建档评级工作。对发展扶贫产业，带动贫困农户效果好的合作社发放产业发展贷款。

三是扩大扶贫龙头企业融资额度。建立健全农村资源确权、价值评估、流转等抵押贷款的配套措施，支持金融机构扩大扶贫龙头企业授信额度，重点突破1000至3000万元的融资瓶颈。金融机构围绕贫困县发展体现资源优势、具有市场竞争力、扶贫带动效果好的两到三项优势产业，推行“一县一策”的金融产业化扶贫模式，推动“企业＋农民合作社＋农户”“企业＋家庭农场”“家庭农场＋农民合作社”“政府＋企业＋农户”等农业产业链金融服务模式，提高“三农”金融服务集约化水平。扶贫部门细化扶贫龙头企业的综合监测考评标准，将项目资金投向带动贫困农户增收致富成效突出的企业。允许金融机构开展“公司＋农户”综合授信，使公司和农户在产业扶贫中结成利益共同体。

2011年起，铜仁市已开始发放贴息资金和生源地补贴资金。五年时间，贴息资金数额从2011年最初的2332万元增长到2015年的4210万元，增长率达到80%，2015年获得贴息贷款贫困户比例达到58.36%；生源地贷款贴息和风险补偿金由2011年的213.20万元增长到2015年的572.28万元，增长率高达168%。2011年至2015年，铜仁市财政金融扶贫情况具体见图15。

（五）社会力量包干扶贫

在社会力量包干扶贫工作方面，铜仁市政府在加大资金投入、技术投入的同时，不断吸纳社会力量加入到扶贫工作的队伍中来。坚持自我发力与向外借力并举，加快形成专项扶贫、行业扶贫、社会扶贫有机结合、互为支撑的“三位一体”大扶贫格局。用好对口帮扶力量，鼓励有条件的企业开立扶贫公益基金、

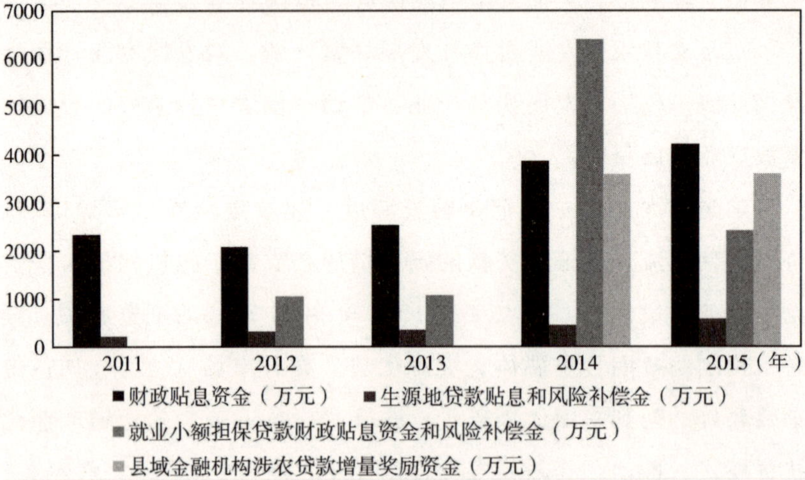

图 15　铜仁市财政金融扶贫情况

开设扶贫公益信托。同时利用政策优势，对吸纳贫困人口就业的企业给予税收优惠、社保补贴、信贷支持等政策，引导企业到贫困地区投资兴业。

截至 2015 年，共实现单位包贫困村 1565 例，企业包贫困村 1312 例，单位包贫困村覆盖率与企业包贫困村覆盖率分别达到 100% 和 84%。

五　因村派人精准

（一）驻村工作队

铜仁市坚持以“党建带扶贫、以扶贫促党建”，深入推进“干群连心·同步小康”驻村工作，实现党的组织和党的工作对贫困村有效覆盖。加强乡（镇）领导班子和村支“两委”建设，整顿软弱涣散村党组织，抓好乡（镇）党委书记、村党组织书记和农村致富带头人“三支队伍”建设，注重从农村创业带富能手、农民经纪人、复员退伍军人、返乡农民工、大学生村官中选拔村党组织书记，提高基层党组织在扶贫开发中的战斗力。健全并完善各级党政机关和领导干部联乡驻村包户帮扶责任制，强化党组织在基层扶贫工作中的作用。

“干群连心·同步小康”驻村工作思路：围绕“一个目标”（与全省全国同步全面建成小康社会），突出“三个强化”（强化队员选派、管理考核、作用发挥），搞好“五个结合”（与巩固教育实践活动成果、加强基层组织建设、推进精准扶贫工作、推进城镇化进程和发现培养基层人才相结合），不断深化“干群连心·同步小康”驻村工作。

自 2012 年干部驻村新规实行以来，干部驻村数稳步提高。2015 年铜仁市干部驻村数为 12027 人次，同比上涨 1.30%。干部驻贫困村数目为 1565 个，覆盖率达 100%，且每个贫困村均建立了“民情大数据”。2011 年至 2015 年，铜仁市扶贫干部驻村人次状况如图 16 所示。

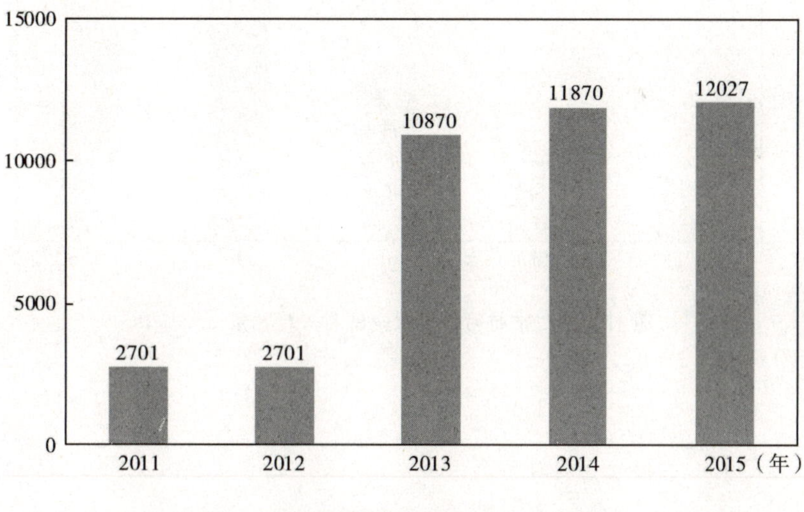

图 16 铜仁市扶贫干部驻村人次（人次）

（二）因村选派“第一书记”

铜仁市为深入贯彻落实习近平总书记关于大抓基层、推动基层建设全面进步全面过硬和精准扶贫、精准脱贫等重要指示精神，有效地选派机关优秀干部到村任第一书记。

具体工作中，坚持因村派人、强化责任；提高县以上机关派出干部比例；选好配强贫困村“第一书记”；加大扶贫工作考核力度；不稳定脱贫不脱钩。2015 年铜仁市因村选派“第一书记”人数达 1565 人次。2011 年至 2015 年，有村级集体经济收入村的数量连年翻番，截至 2015 年 11 月份数量已达 1041 个，是 2011 年的 5.5 倍。2011 年至 2015 年，铜仁市有村级集体经济收入村数量变化见图 17。

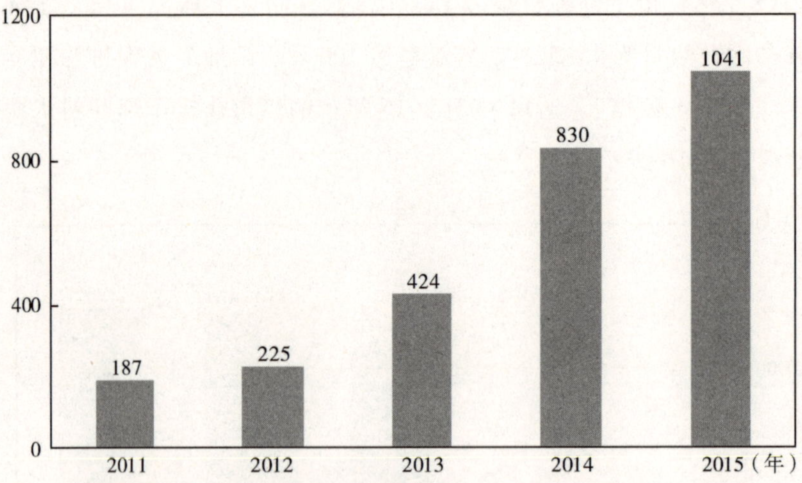

图 17　铜仁市有村级集体经济收入村数量（个）

（三）干部结对帮扶

为巩固精准识别成果，更好地开展后续工作，铜仁市对识别的贫困人口开展干部结对帮扶工作。

结对帮扶干部深入贫困户家中进行走访调研，根据实际情况分析贫困户的致贫原因和发展瓶颈，落实帮扶重点。从产业就业扶持、基础设施、易地搬迁、教育培训、医疗健康等方面入手，安排帮扶项目，细化帮扶措施，拟定帮扶计划，帮助贫困户脱贫致富。截至2015年，铜仁市干部结对帮扶贫困户达到25.59万户。

六　脱贫成效精准

（一）贫困县退出

截至2015年底，铜仁市下辖10个区县尚未达到贫困县国定退出标准（全县贫困发生率低于4%）。2011年至2015年，铜仁市全市平均贫困发生率由38.75%下降至15.45%，年平均降幅达到20.54%，同时，7个贫困县已按照贵州省定退出标准全部摘帽。

（二）贫困乡（镇）摘帽

截至2015年底，铜仁125个贫困乡（镇）已按贵州省定标准实现全部摘帽见图18。

贫困乡（镇）摘帽按照县乡逐级申报、市级考评、省级核实、社会公示、报省扶贫开发领导小组认定的程序进行。对已经实现省定标准摘帽的贫困乡（镇），每年按“贫困发生率年度下降4.3个百分点以上”的退出标准，由市扶贫开发领导小组进行年度复查，直至实现稳定脱贫。

（三）贫困村退出

2015年，铜仁市实现400个贫困村省定标准退出，占2011年贫困村总数比例25.56%。

贫困村退出按照县乡初选对象、县级公示公告、省市级备案管理和信息录入的程序进行。

（四）贫困人口脱贫

2012年至2015年，贫困人口脱贫累计达到87.53万人，年平均增长率42.72%。2015年脱贫人口达19.46万人，较上年增长

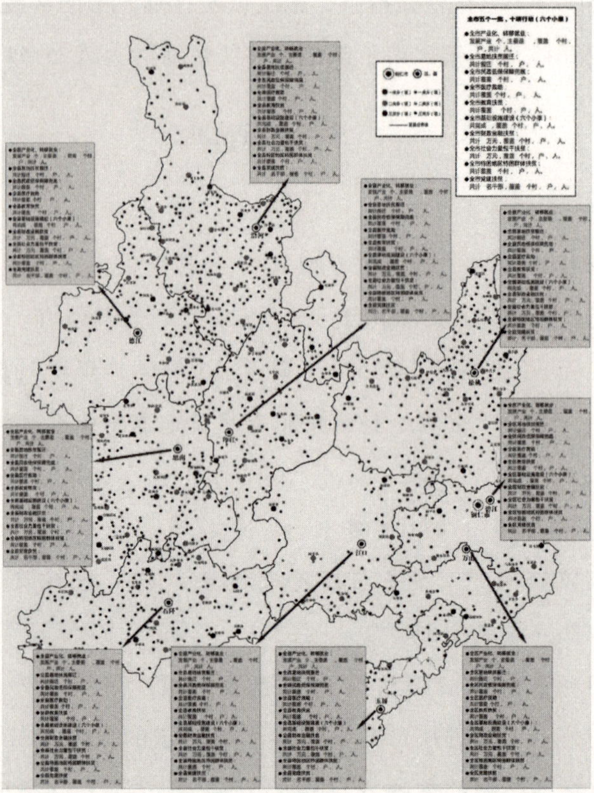

图 18 铜仁市脱贫攻坚“作战图”

28.36%，见图 19。

（五）贫困地区农村居民收入增长

2015 年，农村居民人均可支配收入为 6931 元，较上年增长 11.20%，年平均增长率 14.72%。2011 年至 2015 年，铜仁市农村居民人均可支配收入增长情况见图 20。

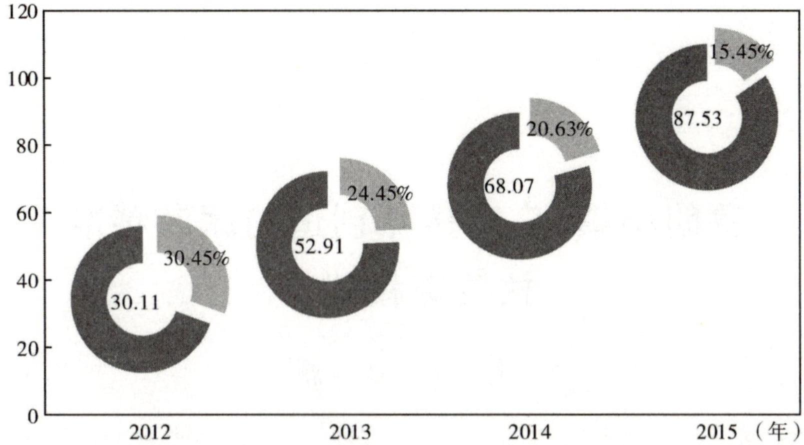

图 19　2012—2015 年铜仁市累计贫困人口脱贫（万人）及贫困发生率（%）

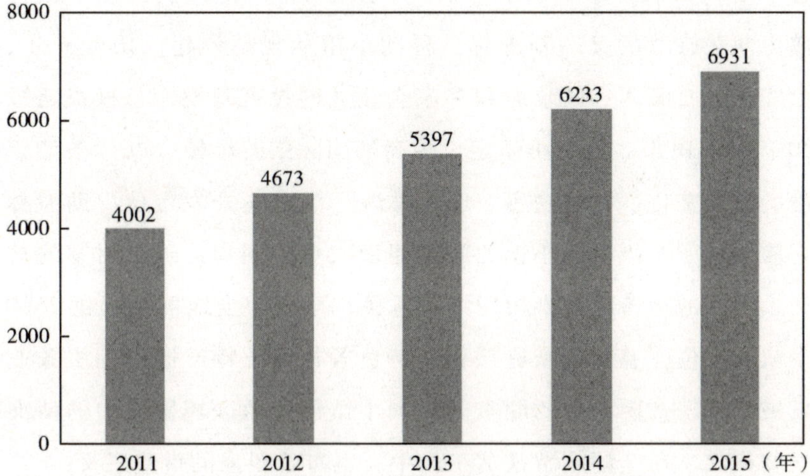

图 20　2011—2015 年铜仁市农村居民人均可支配收入（元）

（新华通讯社中国经济信息社　贵州省铜仁市人民政府）

鲁朗小镇:广东援藏创造的旅游精准扶贫新模式

高 凌 吕 静

2017年3月28日，广东重点援藏项目——林芝鲁朗国际旅游小镇（以下简称“鲁朗小镇”）正式开业。这座美丽的小镇将成为西藏旅游的又一新地标。鲁朗小镇从规划到建成历经6年，由广东、西藏两省区政府和多家企业共同投资开发，总投资超过30亿元人民币。鲁朗小镇定位为高端国际旅游小镇，以“圣洁宁静、藏族文化、自然生态、现代时尚”为总体开发定位。助力林芝旅游转型升级鲁朗小镇的施工建设大量招用周边五个村寨的村民，酒店的运营也过半招用本地村民，至少为当地群众提供2500个就业岗位，并带动家庭旅馆、特色餐饮、土特产销售等服务业发展，带动贫困人口的脱贫。鲁朗小镇创造的区域协作中的精准扶贫模式，在全国旅游扶贫工作中，也有着很强的借鉴意义。

一 鲁朗小镇的开发历程

（一）鲁朗小镇概况

鲁朗小镇位于西藏自治区林芝市巴宜区东部。“鲁朗”在藏语里有“龙王谷”、“神仙居住的地方”之意，至今民间还流传着“到了工布鲁朗，会忘记自己的家乡”的美誉。鲁朗小镇的总面积约2500平方公里，海拔约3700米，共辖8个行政村、17个自然村，年平均气温12℃，森林覆盖面积达80%以上，被称为“最美国道”的318国道南北贯穿全境，向西经八一可达拉萨，向东经波密可达四川。

鲁朗小镇的开发离不开它自身的优势：（1）得天独厚的自然资源。鲁朗因为地理位置原因，生态环境保存较好，生物多样性显著，还有很多独特的生物品种，形成了独一无二的动植物景观。另外，鲁朗的地貌以冰川为主，兼具高山峡谷等自然奇观，再加上草甸、森林、河流、湖泊等多种景观，使得鲁朗成为全世界不可多得的顶级旅游资源地，鲁朗也因此被誉为“东方的瑞士”。（2）气候环境宜人。鲁朗海拔很低，氧气充足，有着舒适宜人的气候环境，被称为“西藏的江南”。（3）丰厚的文化底蕴。文化是城市的灵魂，能够决定城市的气质，也成为区别于其他地方的重要因素。旅游小镇除了包括传统建筑等物质文化遗产，还包括宗教信仰、节庆活动、传统风俗等内在的非物质文化。在物质方面，鲁朗的传统建筑大都具有藏文化特点，其造型、纹饰等都与传统的汉族建筑风格迥然不同。在非物质方面，鲁朗当地居民绝大部分都有虔诚的藏传佛教信仰，会举行丰富多彩的节庆活动。习俗如转经、升经幡等民间习俗也是历史悠久，影响深远的。另外鲁朗位于工布文化核心区与门隅文化交汇处，近些年鲁朗独特的工布民俗文吸引着越来越多的游客，前来感受独特新颖的地方文化。（4）良好的旅游开发基础。鲁朗独特的自然环境和自然资源为当地旅游业的开发奠定了基础。

（二）鲁朗小镇建设进程

鲁朗小镇的建设源于2010年广东第六批援藏工作队入藏。在深入开展实地调研后，广州和西藏自治区于2011年共同把“鲁朗国际旅游小镇”建设项目列为重点援藏项目。其建设目标为：一是改变鲁朗小镇原有建设无规划、无风格、低端设计的建筑格局；二是整治和提升周边村庄村容村貌，提升家庭旅馆的品质和服务质量；三是有效地整合林芝县及周边主要的旅游资源，大幅度提升旅游接待条件，扩展旅游产业的辐射和带动效应，从而为林芝县转变经济发展方式、实现可持续发展打造一个很好的载体，林芝县的经济社会发展将走上一条生态绿色之路。其建设的核心理念为“藏族文化、自然生态、圣洁宁静、现代时尚”。这一项目也被确定为广东省重点援藏项目和西藏和平解放60周年广东援建献礼项目。

2011年鲁朗国际小镇项目正式获得审批通过，占地面积（不包括人工湖）1288亩，总投资约31.7亿元。2012年，鲁朗小镇项目正式启动并奠基，正式开工建设。2013年，自治区人民政府第5次常务会议研究通过了《鲁朗国际旅游小镇总体规划及控制性详细规划》。鲁朗国际小镇进入全面建设阶段。2014年年底完成所有建筑主体工程，2015年完成所有室内装修、市政工程和园林建设等工程。2016年，经过六年时间的改造，鲁朗国际旅游小镇试营开放。2016年5月29日，鲁朗景区管委会在鲁朗接待了“落实2030年可持续发展议程国际研讨会”的联合国代表团，并配合代表团在对鲁朗经济社会发展进行了实地参观考察。2016年7月11日，鲁朗景区管委会接待了来自苏丹、乍得、安哥拉、埃及、冈比亚、阿富汗、巴基斯坦、印度等多个国家的“中非新闻交流中心”和“中国南亚新闻交流中心”三十余位记者朋友。

二 鲁朗小镇开发的特点

（一）主体多元，合力推进

一个地方的扶贫攻坚，需要有计划、有条理的稳步推进，需要政府的重视和大力扶持，同时也需要社会各界力量的参与，特别是当扶贫进入新时期的攻坚阶段，更不能缺少社会各界全方位的支持。鲁朗小镇的建设与开发，就离不开社会各方力量的参与。除了广东政府方面的援助之外，还有保利、恒大、珠江投资、广中旅、广药集团等企业参与小镇开发，其中包括保利酒店2.4亿元、广东旅控游客服务中心0.35亿元、中新房商业步行街2.5亿元、广药藏式养生古堡0.38亿元等重要建设项目。最终，10.1亿元的援藏资金带来了27.85亿元的总投资。

交通方面，2015年，南方航空开通广州直飞林芝航班，为林芝与珠三角客源地之间，打通了空中高速桥梁。从广州飞到林芝只要3个半小时，时空距离极大地压缩。借助白云机场上百条的国际航线，林芝旅游能够更快捷地和国际市场对接。此外，北京、上海、西安、青岛等城市也即将开通与林芝的双向直航班机，这些变化都将彻底改变当地旅游的发展态势，也给鲁朗小镇的开发带来了希望与机遇，为当地旅游扶贫建立了良好的基础条件。

（二）高端化国际化的发展方向

鲁朗小镇的定位是高端的国际旅游小镇，首先在文化展示和体验功能上，鲁朗小镇是多样化的，从文化展览、民俗节庆到藏式康体疗养、特色餐饮，都反映出鲁朗小镇的旅游服务是全方位多层次的。另外，在业态上，涵盖酒店、餐饮、会所、演艺、商业街、户外运动等多种旅游业态，其中酒店主要是恒大、保利、珠江投资三个五星级酒店群，推动区域旅游向高端化、国际化发展，商业上成功运营的同时，也为当地旅游扶贫扩展了持续发展的空间。

（三）小镇开发的辐射带动作用强

打造特色小镇是新型城镇化的方式之一，它的建设不仅要注重产业功能的开发，更要在产城融合的角度来推动整个城镇的发展，完善城镇的基础设施建设。广东对于鲁朗小镇的援助和开发，不仅关注到旅游项目的兴建，也相应地带来学校、医院、市政建设、商业街等基础设施，也为当地居民打造了一个适宜居住、生活的城镇。同时，旅游业的发展也为本地居们提供了大量的就业机会，带领当地人民脱贫致富，提高生活质量。鲁朗国际旅游小镇的建设，一是改变小镇原有建设无规划、无风格、低端设计的建筑格局；二是整治和提升周边村庄村容村貌，提升家庭旅馆的品质和服务质量；三是有效整合林芝县及周边主要的旅游资源，大幅度提升旅游接待条件，扩展旅游产业的辐射和带动效应，从而为林芝县转变经济发展方式、实现可持续发展打造了一个很好的载体。

（四）精准扶贫与旅游营销相结合

将旅游业与精准扶贫相结合，是一种授人以渔的方式，这种扶贫是长期的可持续的。另外，鲁朗小镇的开发是一种专业化的扶贫开发方式，该项目采用总设计师负责制，深圳中营都市设计创始人、北京大学中国城市设计研究中心主任陈可石教授作为总设计师，深圳中营都市为主设计团队，整体规划设计和建筑方案以及景观工程设计。项目的开发以专业的人才、资本、设计、建设和运营管理为依托，结合当地独一无二的自然资源和人文资源，将原有的产业进行重塑，对林芝的旅游价值进行彻底的变动和提升。这样的扶贫方式是一种“造血式”的扶贫方式，能够促使当地人民用自己的双手帮助自己脱贫，而且这样的方式能够大大减少返贫率。

三　鲁朗小镇扶贫开发的经验

鲁朗小镇在开发改造的过程中，一直坚持“形态完整”的理念，强调从多维度考虑城镇的整体性设计，注重生态，将自然视为城镇的一部分，同时强调城镇的文化融合，重视改造的持续性，不急于求成或因噎废食，着眼于可持续发展。

（一）注重生态，强调设计的可持续性

生态是城市实现可持续发展的关键因素，旅游小镇往往是具有显著的自然资源优势的，规划和开发都应强调生态优先。另外，由于鲁朗小镇特殊的地理位置，其周围的生态环境脆弱，一旦出现生态破坏，其结果往往是不可逆的、灾难性的，也更应该注重生态的保护。鲁朗在建设过程中，注重新技术、新材料和新方法的应用，以提升城镇化的水平，把对自然生态的影响降到最低。小镇依山傍水，融入雪域高原的大自然之中，在旅游产品的设计上也多围绕自然生态展开，整个项目的开发真正做到了可持续发展。

（二）突出地域特色

很多地方的度假旅游、养生旅游大都大同小异。缺乏了地方特色，这个地方的旅游吸引力也会逐渐降低。鲁朗小镇真正从市场的需求出发，进行产品的设计和建设，具有自己鲜明的旅游定位，并且注重游客的旅游体验和自身感受，更加具有自身特色。上百家藏式家庭旅馆，成为背包客、自驾游、旅游团队首选地；鲁朗石锅鸡已成为享誉区内外的地方特色餐饮品牌，“来林芝必来鲁朗，来鲁朗必尝石锅鸡”；当地群众参与旅游的积极性高涨，发展意识较强，几乎每家都开办家庭旅馆，从事与旅游相关的行业，旅游业收入占家庭总收入的绝大部分。

（三）体现人文性和历史性

西藏旅游之所以火热，不仅仅是因为其自然的美景，更因为其人文，很多人来到这里也是想感受一下当地的文化与风俗。林芝 90% 的人口为藏族人，丰富的民族文化和自然生态的融合，共同塑造林芝的魅力。在林芝的旅游开发，既要对当地的历史文化资源进行系统梳理，更要以保护为前提。鲁朗小镇，在建筑风格上，以现代设计融合藏式建筑精华，在传承基础上创新，和传统藏式风格建筑有机结合。小镇在建筑设计与景观设计中，强调藏式文化元素符号的运用，在经过浓缩和提炼的藏族文化渲染下，营造神圣的氛围。随着旅游热的持续升温，旅游扶贫也成为扶贫的重要手段，而以旅游小镇这样的形式所呈现的旅游方式也越来越多。

燕溪堂:公益旅游扶贫新平台

杨　芳

孤山寺北贾亭溪，水面初平云脚低。
几处早莺争暖树，谁家新燕啄春泥。
乱花渐欲迷人眼，浅草才能没马蹄。
最爱湖东行不足，绿杨阴里白沙堤。

白居易的这首诗是燕溪堂名称的由来。在全国数万家民宿中，刚刚起步的燕溪堂最独具一格的特点是其公益性。由中国扶贫开发服务有限公司借助自身优势，通过协调财政资金、政策性银行、联合社会资本等多重融资渠道，募集50亿元规模产业基金，以此为基础打造的旅游扶贫新平台。

一　中扶旅游与燕溪堂

中国扶贫开发服务有限公司是国务院扶贫办下属机构。以践行旅游扶贫、倡导“消费既做公益、旅游也能扶贫”为使命，定位于旅游资产收益扶贫创新模式。根据国务院十三五脱贫攻坚规划中关于建设中国精品民宿特色民宿的政策精神，在全国范围之内以民宿项目为基础产品，致力于为境内相关旅游产业项目提供有效的投资、规划、设计与运营管理的全程服务，为社会资本产业投资提供便捷高效的通道和平台。

目前，业务覆盖全国2100个县域范围，正在打造中国覆盖规模最大的原乡旅游网，目标是成为中国民宿旅游的第一品牌。借独树一帜的推广资产收益扶贫模式，基于现有原生态资源，因地制宜的布局设计，打造高端生态旅居地，实现资产—资源—资本之间的转换。在为旅行者打开“原乡中国”旅居度假之窗的同时，为贫困人口的脱贫创造机会。

截止2017年初，燕溪堂精品民宿已有5家在运营建设中。2017年内，计划将汇聚扶贫政策，通过联盟合作和直投等形式开启不少于100家规模的民宿产业，将全面覆盖50个旅游资源贫困县，建设成为可经营性的优质资产，通过专业化的运营管理产生持续性收益，资产属于投资方（地方政府、扶贫系统、社会资本），由资产产生的约定收益归属于贫困人口。

二　“燕溪堂”品牌优势

中国扶贫开发服务有限公司副总经理李鸿训介绍说，燕溪堂具有以下几方面优势。

（一）设计优势

多达数万名的知名设计师资源，不同设计师从业多年的文化沉淀，能够确保每一地区民宿都是不同的设计风格。能够确保所有装饰品都是独一无二工艺精品，传统手艺文化都可以在此汇聚。通过定期举办文化传承现场体验活动，改变传统民宿只关注淡旺季经营的窄域利润空间。

（二）多赢模式

当地特产以伴手礼的形式，无论是现场销售、捆绑销售还是以电商形式的销售，多维度的营销保证投资者的利益回报。所有的乡村创业者都可以通过这个平台找到最好的机会和载体，在成为民宿业主或管理者之外还可以带动地方的经济和公益。

（三）推广优势

推广集团公益品牌联动计划，采用市场化促销策略，社交媒体及自媒体营销的介入等方式。官网直接 VR 推介，可以提供最真实的体验感。而“秘行”全球公益旅游网大量客户的植入，可以使参与平台的民宿经营者共享数十万家企业和数千万达人粉丝的客源。与此同时，网红以及其拥有的大量粉丝现场助力，能够将体验结果直接转换成经营成果。

李鸿训介绍说，中扶旅游的中英日文版“民宿 PMS”数据管理系统，以及“秘行”——全球扶贫公益旅行网（www. meexing. com），APP、OTA 运营平台都已启动上线运营。“秘行”是一家提供国内及海外特色民宿，精品客栈，高端公寓，主题度假村的非标准化住宿产品的在线实时预订服务平台。接入 PMS 之后即可共享中扶民宿的中央预定系统，直接分销到自由 OTA 平台 www. meexing. com 和主流 OTA 渠道，直享中扶集团 5000 万公益达人粉丝会员，10 万个企业客户的庞大客源，同时“秘行”在全球特色民宿方面所带来收入的 1% 励志于投入国内外公益事业中，以打造全球公益旅行服务平台作为出发点服务于全球公益事业项目。

在国家网信办的支持下，公益旅行业务覆盖全球扶贫公益精品民宿、公益主题旅行、公益旅行达人服务的旅游三大业态。对此，人民日报等各大党报、传统媒体及新媒体共 60 多家相继进行了全方位覆盖报道及宣传。

三　燕溪堂的发展计划

李鸿训说，在我国贫困地区和革命老区，有 1184 个 4—5A 景区，围绕这些优质的旅游资源和旅游市场，通过直投直营、连锁加盟、委托运营等形式，三年内联合100家合作单位完成建设1000家民宿，带动近100万贫困人口减贫。

中扶旅游通过政策扶持、小额投入、运营保障等三类方式落实产业投资，确保所投项目确保4年内回收投资成本。

除此之外，秉承生态运营服务的管理系统，确保“燕溪堂”品牌的服务品质。提炼主体化、个性化产品，长效培训机制的支持，定期实施品牌标准监控，采用数据化分析体系，记录及更新顾客点评，使运营检查机制更加有效及完善。此外，燕溪堂作为公益扶贫品牌和将于近期对接中国银联等机构，成为各大银行vip客户会员权益产品。

关于合作模式和方式，李鸿训说，目前主要有三种，一是与当地国有旅投公司合作开发；二是与当地建档立卡户合作社合作开发；三是与社会资本合作开发。

他表示，作为燕溪堂的合作伙伴，合作伙伴将享受到后续我们提供的更完善更专业更优化的支持和服务（包括培训、运营手册、名人推介、媒体宣传、更多混业经营模式的植入、收益的全方位保证）。这些源自于我们合作伙伴之间的共同努力，即保证了合作伙伴的投资回报，也为中国的扶贫公益事业注入新的活力。